太极拳技击解密系列之一

太极拳推手入门与提高

王荣泽 著

人民体育出版社

前 言

　　太极拳有今天的繁荣辉煌，是无数人集体创造的结果，内容庞杂。参与创造的每个人因个体差异，一人一法，一时一法，优劣并存，各不相同。对同一个问题，站在不同的角度有不同的结论，不同的人往往也会有不同甚至截然相反的意见。人们在发表意见的时候，都坚信自己是客观的，都认为对方有成见，是偏见。事实上，人们都是不自觉地站在自己的角度、经验、视野、思维惯性上发表意见。客观的主要敌人并不是偏见和成见，而是带着偏见和成见自己却不知道。谁都不能保证自己不带着偏见和成见看待这个世界，谁都在不自觉地自以为自己是一个全面看问题、理性作判断、不带情绪和立场的人。有鉴于此，希望读者在看这本书的时候，抱着质疑、批判的态度！权作茶余饭后的消遣。

　　饮水思源，值本书告成之际，谨以下文告慰我的两位太极拳恩师！一个带我入门，一个让我升华。

　　我的第一位师父是王影先生。王影先生（1905—2000年），曾在比利时攻读电机类博士，回国后，曾在大学当教授，退休前供职于国家教育部。退休后回到故乡临海市。因学识渊博，见多识广，为人正直善良，见不惯粗俗鄙陋，交友严格删选。因"文革"影响，我在19岁的时候才有机会上高中，那时我的实际水平只有小学四年级，经人介绍在师父家里补习文化课。我15岁接触武术，因练功不慎摔伤腰椎，严重影响外家功夫的练习。补习之余，师父教我练习杨式太极拳术。

　　那时没有电话不能预约联系，有时晚上我去师父家补习功课，师父不在。师父回家后听师母说我来过，他二话不说即往我家赶。如果我家的灯还亮着，他就轻轻地喊"小王，小王"，声音很轻柔，生怕打扰到我的家人及邻居。两声后不见回声，随即离开。转日绝不提起。

当师父知道我喜欢看科普类杂志及阅读各类书籍，却没钱买，他就悄悄买下放在我能看到的地方。等我在翻看的时候，师傅不经意间淡淡地说："我家不宽敞，我都已经看过了，没地方堆放，放在你家怎么样？"

有一次，我把自己家种的菠菜放到师父家里，转天师父把几倍于菜价的钱不由分说地塞到我手中。自此，再无第二次"买卖"。

那个时候温饱还是个问题，烧饭煮菜用柴，柴夫把柴挑到师父家称量后，师父会马上搬出凳子，递上茶水、毛巾，自己动手把柴堆放起来，不再烦劳柴夫动手。

谁有困难，师傅偷偷捐钱，只有天知地知师父知。

师父是一个与时俱进的人，退休后仍每天学习不止，紧跟当时的前沿科学。学习之余，除了练拳、推手、气功，还遍访民间功夫高手。因见多识广，毫无门户之见。他希望我是个杂家，什么好就吸收什么功夫，要重视综合性体能训练，接受现代武术。

回忆恩师，有说不完的故事。

我的第二位师父是洪涤怀先生。洪涤怀先生（1900—1998年），在他青少年时期，曾习外家功夫，因悟性过人，武技不俗，常代师表演、交流。1934年，老师在湖南长沙湘盐局供职，因事务繁忙，得了严重的胃病，身体十分虚弱。这时，同事劝他学太极拳，因而认识了吴式太极拳创始人吴鉴泉在湖南省国术馆的儿子吴公仪、吴公藻。辽宁马子梁先期学的是杨式太极拳，后跟吴公仪交手，均被弹倒。马子梁提出要拜吴公仪为师，吴公仪要马子梁放弃原学才肯教授。洪、马经过拜师仪式被吴鉴泉收为入室弟子。

老师家境优裕，为人诚实可信，被吴家视为知己如同一家，同吃同住，倾囊相授。老师拿出青少年时学练外家拳的劲头，每天闻鸡起舞，勤学不辍，就连"日本乱"头上飞机轰炸也不停止练习，避进森林一放下细软就同师父推起手来。老师待人诚实厚道，拳艺如人，他的不丢不顶粘连黏随实实在在独有建树。他和师弟马之梁在长沙武术界被称为"洪（红）鬃烈马"，颇有声望。

新中国成立前夕，他和师弟马之梁等曾随吴师一家去香港，洪不久返回大陆，师徒再未见面。洪先生与王影先生一见如故，在王影先生的引荐下，我随洪先生兼习吴式太极拳。

由于历史原因，老师曾受不公正的待遇。他虽身怀绝技，却从不在人前显露，默然无闻，始终以平和豁达的情怀练拳不止。他凭着深厚的文史功底在临海文物管理委员会做事。每当拂晓，人们总可见到一位花甲老人神态从容地打拳，那微妙的身法步态，刚柔相济的招招式式，只有谙熟拳法的人才知道这是吴式太极拳正宗嫡派。上世纪60年代末，有关洪涤怀身怀绝技的信息由湖南方面传来，老师当时不予认可。这有他的难言之隐。一是以前拳师大多以教拳为生，对于入室弟子要求之一是，不经师父应允不得带生传艺，这可能是出于被抢饭碗之虑。我们的同学带着洪的介绍信去上海拜见吴英华、马岳梁老师，信中洪称自己带信的学生为"同学"，不能称"学生"。学拳门户之见很深，一家就是一帮。二是"文革"正方兴未艾，到处武斗，人人自危，加上他又"成分"不好，属"管制"对象，只能"老老实实"做人。70年代初，老师实在难以推却，偷偷摸摸地带了我们几个学生关在他家十分狭小的灶间里练。有人慕名要求学练，他说你先到派出所登记，再到居委会登记，以此推辞。在征得香港吴家后人应允后，教学才逐渐公开，吴式太极拳逐渐被临海人所知。

80年代初，吴公藻在香港的"鉴泉太极拳社"多次来信催邀老师赴港教拳编书，同时寄来吴鉴泉宗师的照片。老师跟我们说，他这样的年纪只会给吴家添麻烦，并开玩笑说自己会死在火车里，回不了家，婉言谢绝。

1983年5月，经县、地、省层层比赛选拔、集训，我受浙江省体委派遣赴南昌参加全国武术观摩交流大会，同行的有老师及师兄冯哲元。我获得全国70公斤级推手第一名，并和师兄作了推手表演，因粘黏性强，观众称奇。其间，大会医生给我的老师作了健康检查，结果令人惊讶，84岁的老人心率、血压、心血管系统功能指标与20岁青年相仿。老人健康状况之佳，传为美谈。有位医生认真地对我说，您的老师活120岁不成问题，我们知道，这是医务人员对老人家的良好祝愿。老师99岁时感冒生病，因腹泻，他怕给学生添麻烦，不吃不喝不医，说活到99岁够了。太极拳伴随着他走过了64个春秋。

1985年，老师参加了《浙江省武术拳械录》的编写工作。1986年，他的论文《太极拳渊流考》在全国体育史学术论文报告会上宣读。他演练的拳架和推手被拍成了录像片存入国家体委资料档案中。他陆续撰写了《吴式太极拳的原理》《三十六式歌词说明》《用辩证唯物主义观点练太极拳》等多篇武术文章。

老师武功深厚，武德修养人品情操更高，他从不收受各地学者财物，学生的细小礼物也不收受。有一次，师兄弟们看老师总是被蚊子叮咬，就凑钱给他买了一顶蚊帐，结果他老人家把蚊帐送还，宁愿被蚊子叮咬。在填饱肚子都是奢望的年代，有几个春节，王影师父、洪涤怀老师、我三个人一起出门游玩，我带了一些吃的，但他们也都带了一些，各吃各的。我自1972年随师学拳，二十余年未给老师点滴礼物，倒是喝了老师家不少茶水。

"吾师传授太极拳，上继武当一脉传；微妙轻灵专主化，粘连黏随继露禅；子镇雨亭承启后，港澳三湘遍地传；忝列门庭深受福，吴门直义谱成篇。"这是老师晚年所作的《怀念吴师鉴泉先生》一诗。诗中追忆先师吴鉴泉"上继武当一脉"，传授"微妙轻灵专主化"的吴式太极拳，经"子镇（吴公仪）雨亭（吴公藻）承启后"，神州大地早已"港澳三湘遍地传"。作为入室弟子的洪涤怀，对先师的追忆之情，溢于言表。

附：洪师《太极拳推手入门歌》

太极深邃，易学难用，两人推手，旋转无缝。

彼此坚持，勿懈勿纵，自我钻研，依靠群众。

彼来此往，互随互控，东倒西歪，体会轻重。

虚实分明，自无塞壅，舍己从人，勿被玩弄。

如无感受，只供一哄，浪费光阴，实感沉痛。

赠言启发，扎根深种，勿视等闲，以此献贡。

附：1983年拍摄的洪老师照片

洪涤怀老师（前排中）；前来交流的温州拳友（前排左右）；杨国华师兄（后排左一）；本书作者（后排左二）；冯哲元师兄（后排右二）；胡初耀师弟（后排右一）

承前启后，继往开来，我辈义无反顾。在传承、发展前辈拳艺的同时，更要继承他们做人做事的态度："佛心道骨，儒身国医，兼容并蓄，智圆行方。"佛家的慈悲心、道家的风骨、儒家的行为规范、中医的养生兼容并蓄，以期周全圆满，品行正直。

作者
2017年1月

目 录

上编　太极拳推手入门基础知识 ……………………………（1）

一、何为太极拳推手 ………………………………………（2）

二、太极拳推手、断手、散手三者有别 …………………（2）

三、今昔教学环境不同 ……………………………………（3）

四、与老师不像，是为自然 ………………………………（3）

五、兴趣是最好的老师 ……………………………………（5）

六、直指功力训练 …………………………………………（6）

七、分清主次 ………………………………………………（6）

八、无招无式 ………………………………………………（7）

九、不丢不顶粘连黏随与招着要分开练 …………………（7）

十、可作为一切技击术提升之用 …………………………（9）

十一、练是推手，比是断手 ………………………………（9）

　　（一）练是推手 ………………………………………（10）

　　（二）比是断手 ………………………………………（12）

　　（三）推手、断手各有针对各有所攻 ………………（13）

　　（四）不相识，直接断手，无须推手 ………………（14）

十二、"训练皮肤汗毛的灵敏"是没有的事情 ……………（15）

十三、重心找不着，力点无须找 …………………………（16）

十四、松柔及松柔在对抗中的作用 ………………………（17）

　　（一）松柔是最安全、有效主动贴触接敌的方式 …（18）

　　（二）松柔利于拿梢 …………………………………（18）

　　（三）松柔能发力无断续 ……………………………（19）

　　（四）松柔者有"中间态" ……………………………（19）

　　（五）松柔是获得专项力量的保证 …………………（20）

1

（六）松柔主要体现在臂膀肌肉放松不用力 …………………（21）

下编　太极拳推手基本技术与理论 …………………………（23）

一、疯玩 ……………………………………………………………（24）
二、划圈 ……………………………………………………………（24）
三、练劲 ……………………………………………………………（29）
　（一）不丢不顶 …………………………………………………（29）
　（二）三尖触接失重定步推手法 ………………………………（30）
　（三）用力不在大小而在是否和顺 ……………………………（47）
　（四）主动弹出练习 ……………………………………………（54）
　（五）足下无根，其病在上 ……………………………………（56）
　（六）练习方法的多样 …………………………………………（58）
四、对抗 ……………………………………………………………（60）
　（一）以小搏大的七种常用方法 ………………………………（60）
　（二）推手"力大""速度快"的操作 …………………………（68）
　（三）摩擦力与截力 ……………………………………………（71）
　（四）找梢节串中节锁死根节 …………………………………（75）
　（五）太极八法 …………………………………………………（78）
　（六）顺势逆力加力和顺势顺力加力 …………………………（89）
　（七）莫误舍近求远 ……………………………………………（95）
　（八）"我力在先""我意仍在先" ……………………………（101）
　（九）立足散手 …………………………………………………（104）
　（十）"刹车力" ………………………………………………（108）
　（十一）近身与发力 ……………………………………………（111）
　（十二）三年把式一年跤，太极十年不出门 …………………（116）

上编

太极拳推手
入门基础知识

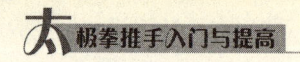

学习太极拳推手之前，我们有必要了解一些相关的知识，为正式学习打好基础。

一、何为太极拳推手

太极拳推手也称打手、揉手、擖手等，是太极拳术的双人徒手配合性练习，至今已有300多年的历史。现在其他一些武术派别也吸收了这一练习方式，把推手作为重要的不可或缺的基础功，并衍生出了各种不同形式不同内容的推手。时至今日，推手已经不是太极拳术的独门秘笈。本书介绍的推手及推手练习，特点之一是：只有方法，没有固定招式，严格意义上的不丢不顶粘连黏随，趣味无穷，老少皆宜，直指功力练习。

二、太极拳推手、断手、散手三者有别

太极拳推手顶级高手无法与不会推手的人推得成手，因为推手有不丢不顶粘连黏随的要求，一方的不配合或者因为功夫不济无法配合，另一方纵然有天大的本事也推不成手。推手是在双方配合默契的情况下才能完成的任务，它是熟人、师徒间的"游戏"。它不能比赛，因为比赛要争胜，争胜就毫无配合可言，无配合就无不丢不顶，无不丢不顶就不叫真正的太极拳推手。推手不能比赛，但可以表演。

断手练习是推手走向散手实战的过渡，没有不丢不顶，可以有面上的粘连黏随，劲断意不断，它是不丢不顶粘连黏随功夫的运用，用劲忽隐忽现忽疾忽徐，推、打、摔结合。因不戴拳套护具，打有限制，禁击头面部、裆部。因双方身体贴靠得近，可用腿绊、勾、别，不能踢。因身体贴靠得近，又双方缠绕的机会比较多，它的打更多地是寸劲近打、手不空回、挨何处何处发，如流水寻缝，哪里便哪里走。

散手练习是踢、打、摔、拿一起来。

虽然实际练习的时候，推手和断手分开，但是现在的现实情况是，大

家习惯上在讲在叙述的时候，推手和断手不分，统称推手。本书尊重大家的习惯，有时将断手也称为推手。

三、今昔教学环境不同

以前教拳师父靠教拳为生，有钱人家会把他们延请到自己家里来，师父会想办法尽量延长教学时间。比如，先学一定时间的站桩，然后按太极拳套路，单推手划圈，双推手划圈，散推手，断手，散手这样的程序教学。而在教习套路的时候，按照师父自己的想当然，把每个动作的攻防意思一一讲来。如此这般的"循序渐进"，时间就延长了。这样的教学大多坚持不到教授散手那一刻。现代人的教学不能走老路，要直接，直指本能直指核心，提高效率，节省时间。

四、与老师不像，是为自然

许禹生在《太极拳势图解》里写道："当露禅先生充旗营教师时，得其真传盖三人：万春、凌山、全佑是也；一劲刚、一善发人、一善柔化；或谓三人各得先生之一体，有筋骨皮之分。"这句话给人两个信息。第一个信息，同一个老师可以教出不同的学生。这是客观的。露禅先生不可能专教凌山发人而不教柔化，不可能专教全佑柔化而不教发人，也不可能将三人分开来教不同的内容。同一老师同一教法同一内容，之所以教出不同的学生，皆因学生自身条件不同使然，非老师有心有意为之。在学校里，相同的老师，相同的教材，相同的教学环节，却会教出不同的学生，非老师有心有意为之。第二个信息，"三人各得先生之一体"，言下之意，老师功夫全面是全才。这是不客观的。老师不可能是全才，老师有的东西，学生可以没有，老师没有的东西，学生可以有，青虽出于蓝却可胜于蓝。

老师身大力雄，遇到的对手体重普遍比他小，"发人于丈外"轻而易举；学生身小力弱，要想"发人于丈外"却是难事，甚至是不可能完成的任务。老师身轻如燕，游走腾挪不是难事；学生体型硕大，学老师则是勉为其难，步步为营阵地战更为自然。老师身高臂长，善远战，喜远战；学生个矮臂短，贴身近战却能补其短扬其长。学生自身条件与老师相差得越多，技击风格与老师越是不像。一个人或壮实力大，或小巧玲珑，或个矮臂短，或瘦高臂长，或性情暴躁，或温文尔雅，等等，技击风格必然不同。老师用同一种推手方法教十个学生，十个学生会大同小异，但不会一模一样。老师在手把手带劲喂劲的时候，不会再是只用一种方法，而是根据学生的不同用十种方法区别对待。推习中，在适应服从学生的同时，因势利导不动声色地带顺带柔带长学生的劲力。教与带不一样，教是同一种方法，带却是多种方法。学生与人切磋交流，人常有疑问和惊讶，你真是跟某老师学的吗？何来此问，皆因学生与老师的技击风格不像乃至很不像。现在的自由搏击技法越来越丰富，老师往往只精其一其二，有限得很。有志于搏击者，只跟一个两个老师学习是远远不够的，只学练一技二技是远远不够的。这方面李小龙博采众长是个榜样。

  以前的武者将自己的儿子交由他人教习，接受不同武术的现象司空见惯，有成的武者大多为杂家。老师要鼓励要创造条件要把自己的学生"赶"出去，多拜老师，多交友，多切磋交流，"三人行，必有我师焉。择其善者而从之，其不善者而改之"。老师可以灌输如何学习的理念，如何学习比学习知识本身更重要。老师主要教授练习方法，教最根本最基础的东西。比如，限于自身武技有限，在专项技能上，我主要教学生配合性的无招无式的粘连黏随不丢不顶的推手，单操发力。学生之间以老带新，断手、拳击、摔跤、散手，从残酷的对抗中形成自己独有的适合自身的打法，谓一人一法，法为自创。李小龙可谓一人一法，法为自创的典范。有人说李小龙一个学生也没教出来，也有人说我一个学生也没教出来，我要说露禅先生一个学生也没教出来。因为，"万春、凌山、全佑是也；一劲刚、一善发人、一善柔化；或谓三人各得先生之一体"。师承十分古来无，接得七分即高徒，要想十分艺，三分须自悟。学生自悟三分，学生的学生再自悟三分，不改变，没变化是不可能的，与老师不一样是自然规律，不以人的意志为转移。像，极为少见，不像，极为普遍，不像，不等于没有教出来。李小龙的截拳道不是某一个老师教出来的，王芗斋的意拳也不是某一个老师教出来的。与老师不像是很自然很正常的事情，老师要接受学生与自己不像的事实。老师的功夫无可复制，但可超越。学我者生，似我者死。谁都教不出一个与老师一样功夫的学生。

常自谦说功夫不及老师的皮毛，其实不是这么回事。老师身上的某些功夫，学生学不来，学生身上形成的某些功夫，老师却没有，是师生的特点特长不同而已。师生功夫不同，不是指套路不同，套路同不同无关紧要，只要身法正确，可以这样子编排套路，可以那样子编排套路，没有套路也无妨。如果真的是功夫不及老师的皮毛，武术必走向衰亡，而事实是，搏击水平与其他体育运动项目一样，不断地在超越，一代更比一代强。太极拳套路也一样，越来越美观科学。传统套路散落在民间，分化变异，优劣共存，丰富多彩，它好似一个坯，有了这个坯这个基础，国家集中人力、财力，去伪留真，整合打磨，精雕细琢，打造出国标，国标太极拳的美观度合理度规范度等，都远远超过传统套路。

以前的私塾，教学宗旨主要是启蒙识字，读书内容多半与科考有关，包括四书，诗、书、易和左传。年龄较大者，则读古文，习字，作诗文。一个老师就全包了。现在，物理、化学、数学、语文、英语，等等，多了去，一个学科一个老师，老师也多了去。现在的学校有条件，可以实行因材施教：一部分人上普高，一部分人上职高；矮壮的练举重，高挑的练跳高；爆发力好练短跑，耐力好练长跑；等等。现在教习太极拳术也一样，因交通方便、网络、微信、视频、书籍，种种的便利为教习太极拳术提供了更多的助力。能者为师，学无常师，教无常师，不局限于一家一师，广泛学习他人技术，并与之相融，形成适合自身条件的独有打法。

五、兴趣是最好的老师

接触到新事物的时候，有许多好奇和为什么，这是人之常情。这个时候硬要按部就班，循序渐进，会扼杀一个人的好奇心和兴趣。不妨先玩，把兴趣调动起来。小儿学琴从乱弹琴开始，学画从涂鸦开始，幼儿园幼儿从做游戏开始。教授太极拳推手也不例外，也从玩开始。怎么个玩法呢？

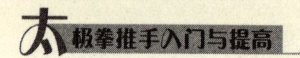

一切有兴趣的练习内容都可以同时来点，跑步、站桩、套路、推手、摔跤、散手等都来点，没有先后次序，爱干啥干啥。比如，学推手的最初一个月左右，就是疯玩，不按常理出牌，横冲直撞，有多少能耐多少本事都使出来。

六、直指功力训练

拳不敌法，法不敌功，功是根本。心意拳到形意拳到意拳一步步走来，招式意识从强到弱到无，一直到无招无式的实战家王芗斋横空出世，令人深思。实战家李小龙把武术的核心理解为四个字：近身，发力。他废弃套路，废弃招式，一切练习围绕着这四个字展开。他们的共同特点是，练习直指根本性内容，比如，力达梢节，前节有力，弹性用力，本能感应，挨何处何处发，等等。具有根本性内容，结合对抗练习，适合自身的并能够用于实战的"招式"便自然产生。这种直指根本性内容的练法，如果练得不精，则几无用场；如果练习方法对头，则潜力无限，提升空间很大。讲究招着用法的练习，速效，上手快，即使不精，也有成效，但提升空间十分有限。上山有两条路，一条前段直指山顶，后段很绕，最后段悬崖绝壁。另一条前段有些绕，后段直指山顶。抱着招式练功，走的是第一条路。抛开招式练功，走的是第二条路。讲招用着易成事，但难成大事，属术的层面。无招无式似呆滞，却踏踏实实一步一个脚印，大事可成，属道的层面。"三年把式一年跤，十年太极不出门"，从某个角度来讲是客观的。

七、分清主次

进入系统练习阶段，练习内容很多，要分清主次。粘连黏随不丢不顶是"主食主粮"，其他都是"调味品"。粘连黏随不丢不顶是根本，缺失这个根本，打不出内家的散手风格。粘连黏随不丢不顶是为了练劲，它无招无式，招法招式在对抗中产生，师父不一味灌输，法为自创，法无高下，一人一法，应机则宜。

八、无招无式

一颗树上没有完全一样的两片树叶，天下没有放之四海而皆准的太极拳推手练习方法，前人的推手练习方法可以借鉴，但没有必要照搬。一般情况，体重力大者主于发放，偏于刚强，体轻力弱者主于柔化，偏于柔软。一个人的推手风格有师傅的印迹，也有自己的本能。本人主随洪涤怀先生学练太极拳，兼习他术，所以推手更多的是吴式印迹。推手的核心内容是不丢不顶，要不丢不顶唯有配合和舍己从人，要舍己从人，招式就无从谈起。不丢不顶、舍己从人，这八个字把推手练习定格为无招无式。

九、不丢不顶粘连黏随与招着要分开练

说现在中国有多少人在练太极拳，全世界有多少人在练太极拳，这是指练套路的人数。因为练习太极拳套路很容易，一本书一个视频就解决了，拳打千遍其理自现，可以无师自通。练推手的人数远没有练套路的人数多，是因为在太极拳术里，推手最难练，书和视频都帮不了多大忙，很难无师自通。难点在哪儿呢？推手的核心内容是不丢不顶粘连黏随，它需要师傅手把手带劲。粘连黏随是现象，不丢不顶是本质，能演练出不丢不顶，就会出现粘连黏随这个现象。不丢不顶是一个力学过程：双方两力相顶，一方伸展，一方收缩，伸展与收缩同步并不失弹性用力过程，伸展与收缩交替轮换进行。直白地说，就是一方用力推，另一方用相同的力顶着被推动，一定要被推动，推与被推交替轮换进行。双方的推力可大可小，可大到竭尽全力，可小到微乎其微，唯不可不用力。在推与顶的过程中，相互接触的点如果呆滞不动，那是双重，是顶牛，是错误。一方推着另一方走，这里没有顶，也没有丢，没有抓握，只有不丢不顶。

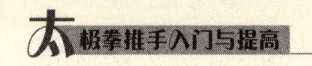

要演练出这个力学过程，唯有双方配合。所谓配合就是一方带劲，另一方心甘情愿被带劲。效果最好是师徒之间或者是水平悬殊的同学之间练习。两力相顶，一方被另一方推着走，走到尽头，换成另一方被一方推着走，转换之际不能断劲，所谓转换无痕。

要演练出不丢不顶的力学过程，舍己从人是必备条件。舍己从人就毫无招着可言。擒拿、招着是一厢情愿很主观的过程，它与舍己从人格格不入，因而与不丢不顶粘连黏随也不相干。擒拿、招着可以练，但在练习不丢不顶粘连黏随的时候，不能掺和进来。你掺和进来，虽然搅多了缠多了多少都会有感觉，但对不丢不顶粘连黏随的掌握是有反作用的。摔跤摔多后，手脚都会有感觉，都会产生听劲等，但与不丢不顶粘连黏随还是有很大的不同。招着针对性局限性强，不丢不顶粘连黏随整体性完整性强，两者好有一比，前者好似西医，后者好似中医。西医学与中医学是两个完全不同的医学，二者理论体系、方法论截然不同，西医是对抗医学，中医是整体医学，一个是对抗，一个是调和，难以糅合在一起。不能用西药手段去玩中医。同样的道理，不能用招着来玩不丢不顶粘连黏随。西医与中医，应糅而不合，但可以同时应用。同样的道理，招着与不丢不顶粘连黏随可以同时应用，但练习的时候要分开。

招着应该放在断手里练。断手比输赢，比输赢就没有配合可言，没有配合就没有不丢不顶粘连黏随。断手是不丢不顶粘连黏随功夫的运用，丢就要丢得彻底干净，顶就要顶在人力之前。其间招着可能用得上，可能用不上。原来是优势，条件变了，优势可能就变成劣势。招着是柄双刃剑，胜速败亦速。如果对手不强，干脆利落一招制敌，如果对手很强，你用招使着等于自送上门，败得又快又干脆。身大力壮者用招有便宜。身轻力弱者可以懂招，无须精通，但必须与招着精妙者对抗，当招着在身上不起作用时，大功告成。招式是战术的，不丢不顶粘连黏随是战略的，战略为王。纯熟后的不丢不顶粘连黏随既是战略的，又是战术的。太极拳浸润着"遇恶不怕遇善不欺"的道教文化。"遇恶不怕遇善不欺"凝聚着深邃的哲学智慧和中华民族几千年的为人处世理念及实践经验，是道教文化的瑰宝。对手强大，我不怕，我用不丢不顶粘连黏随，压迫性侵略性防守，使对手无机可乘。对手弱小，我不欺，我不用招，我仍用不丢不顶粘连黏随，逼迫围困，令对手失去抵抗。我不想占人家的便宜，人家也别想占我的便宜。"夫唯不争，故天下莫能与之争。"

十、可作为一切技击术提升之用

实战擂台，选手应该身手敏捷，纵跳腾挪，这很大的功劳是来自跑步、跳绳，"百艺跑为先"。虽然跑步、跳绳本身不具直接的实战功能，但是，它却是技击训练中不可或缺的基础功。术业有专攻。摔，要从摔跤里吸收营养。拳头击打，要从拳击里吸收营养。用劲习惯，要从太极拳推手里吸收营养。技击实搏时，如果踢打摔拿里面含有太极拳推手的劲力，那么技击水平就会有质的变化和提升。舍己从人，无招无式的推手练习可作一切技击术提升之用。它是熟人、师徒间的"游戏"，虽直接实战功能不强，但作为趣味性练习也会是其乐无穷，它与公园里见到的绝大多数的推手不同，它要的追求的是双赢结果，没有输家，都是赢家，男女老少皆宜。

十一、练是推手，比是断手

1983年，经县、地、省层层比赛选拔、集训，我第一次代表浙江省参加在江西南昌举行的全国推手比赛，期间，我接触到很多湖南长沙和北京的吴式太极拳推手爱好者。因有同门渊源，大家彼此之间很亲切，但是，不管我们如何努力，都推不顺手。套路也是各打各的，大相径庭。我在心里怀疑他们不"正宗"，他们也怀疑我不"正宗"，只是嘴上不说。上世纪80年代初，我们同学去上海看望师叔马岳梁，也是推不顺手。不但推不顺手，套路也不一样。马岳梁老师的拳与吴英华老师的拳不一样，吴英华老师的拳与我师父的拳相对接近。1981年，吴公藻在香港的"鉴泉太极拳社"多次来信催邀我老师赴港教拳编书，此时老师已八十多岁，他开玩笑说自己会死在火车里，回不了家，婉言谢绝。不久，我从吴公藻编的《太极拳讲义》上看到吴公仪拳照,吴公仪的拳与其父及我的老师差异更大了。现在的情况也一样,不是同学,不经常在一起推手,总难推出丝丝入扣、劲力咬合紧密高质量的不丢不顶粘连黏随的感觉来,虽同门套路也大相径庭。

那个年代,信息没有现在这样通畅发达,没有电脑,没有网上丰富多彩的练拳视频,交流不方便,也没有要走出去交流的想法,大家都封闭在自己的圈子里练,都在为填饱肚子奔波,外面的世界一无所知。是同门,为何拳架不同呢?国标太极拳出来后,才弄明白,如果没有统一的硬性规定,父子、兄弟、同学,以前的你与现在的你,拳架不同是必然的,很正常。那么,是同门,又为何推不顺手呢?

(一) 练是推手

推手的核心内容是不丢不顶粘连黏随,"不丢不顶粘连黏随"八个字,就把推手定格为只有双方配合才推得起来的运动,如果没有双方配合,天大的本事都做不出来。由于需要双方配合,所以推手无法进行对抗比赛,比赛只求赢,无配合就无不丢不顶粘连黏随,无不丢不顶粘连黏随就不叫推手。推手需要固定的伙伴,在这里推几天又在那里推几天,没有固定的推手伙伴,缺乏互信、配合,很难练出高质量的不丢不顶粘连黏随。师父在我们初习推手的时候,就要我们根据自己的实际情况找推手伙伴结成对子,分散练习的时候以与自己的对子练习为主。与自己的对子配合练习多了后,与自己的老师配合练习多了后,配合会十分默契,会习惯成自然不知不觉形成一个固定模式。这个时候这种情况下如果与非同门推,与不相识者推,很难有与自己的同学与自己的老师推时那种丝丝入扣、劲力咬合紧密的感觉。这是根深蒂固的固定模式在作祟。老师教学生,学生再教学生,再教学生之间就很难推得顺手了。我自1972年开始随洪涤怀先生转练太极拳,1998年先生去世(享年99岁),至今已四十多年。现在我教学生的推手方法与老师教我的推手方法大不相同了,我以自创的"三尖触接失重定步推手法"教学生练习不丢不顶粘连黏随。"三尖触接失重定步推手法"已在《中华武术》2014年第7期介绍,网上可点击"浙江临海王荣泽先生太极推手视频"。我们的练拳场地是东湖烈士陵园，由于是风景区全开放，路过的人很多，会推手的往往都要交流推一下，彼此不熟，难能推得顺手。有些刚练的学生，也难能推得起。除了标题为"浙江临海王荣泽先生太极推手视频"的视频中师生配合比较默契外，其他视频都配合不好，松松垮垮丢丢顶顶粘黏不紧。我现在教学生的推手练习方法虽然与师父教我的推手练习方法不同，但是，骨子里头仍不失吴式特有的在特定情况下，紧附于对方身体上，如同蝉伏于树，甩不脱蜕不掉的特点。

因配合程度高，老师与学生搭手，学生一般只能坚持半分钟左右，便肩臂酸不可耐，或全身瘫软，或胸闷气喘，心有余而力不足。肌肉收缩的力学特点之一是，肌肉不具有完全弹性，具有明显的时间效应，收缩时间越长，收缩力与速度就会越降低。高水平方不重不轻把低水平方自接触点至足全身搓揉成为一根张紧的弹簧，时而压缩时而弹放开，既推得动能用出力，又不完全能推得动完全能用出力，没有一丝一毫肌肉放松的时间，又难受又痛苦，肌肉很快就出现疲劳，动弹不得。虽痛苦难受，但推后身心却无比的放松轻快，膨胀有力，痛并快乐着，一连几天不推，身心便会空空落落。

有一次师父笑着对我们说："我的功夫是从你们身上学来的。"大家面面相觑，你看我，我看你，不知如何接话，都不说话。虽然师父是在开怀大笑时脱口而出，却又不像开玩笑。我们一般都认为功夫是跟师父学来的，其实并非全然。我师父1934年随吴家练习太极拳，新中国成立前夕，与师弟辽宁的马之梁等随吴一家去香港，不久返回大陆，师徒再未见面。据师父说，他也能经常拿起小他一岁的师弟吴公藻。当年他和师弟马之梁在长沙武术界被并誉为"洪（红）鬃烈马"，颇有声望。有这样的成绩了，为什么还要说功夫是从学生身上学来的呢？耐人寻味，意味深长。等我自己带学生以后，才明白过来。这句话其中的两个意思非常明确，一是推手一定要互相配合，二是与自己学生的配合程度最高。不带学生，不当先生，就没有推手伙伴，就没有高质量的配合。我现在也有切身体会，高质量的不丢不顶粘连黏随确实是从学生身上得来的。我现在对自己的学生明确地说："先当学生，后一定要当先生，如果一辈子跟师父练，自己不去带学生,你的功夫就不会高。"功夫需要时间积累,但是,你跟在老师的后面一味地接受一味地听一味地看,没有自己的思想,没有批判的意识,不懂得取其精华去其糟粕,时间跟久了,自己的主见也没有了,创新精神也没有了,棱角也被磨平了,最多做个老师第二,没出息。一般跟我三年左右,我都要他们当先生,自己带一批学生,在学生身上试。自己当先生,逼着自己去思考、整理、总结并输出。先生越早当越好,晚上带自己的学生练,早上可以集中到我这儿来练,边当学生边当先生。

(二) 比是断手

推手水平高,不丢不顶粘连黏随能力就强,如何检测推手水平的高下呢?因为推手只能配合,不能比,所以没法测。目前的"太极拳推手比赛"这个称谓不对,推手既然无法进行对抗比赛,何来"太极拳推手比赛"之名?"太极拳推手比赛"显然名不副实。如能将"太极拳推手比赛"正名为"太极拳断手比赛"就名实相副。因为断手就是比是对抗,比动急则急应,动缓则缓随,忽隐忽现,丢就丢得彻底,顶就顶在人力前的能力。这个能力就是不丢不顶粘连黏随的体现。断手的形式很多:只用手,不能抓握,不能击打;可擒拿抓握;可用脚摔跌;可推打结合,打时不击头面部和裆部,等等。

目前常见的各种所谓的太极拳推手比赛,可归纳成三种模式。第一种模式,除了不能击打、擒拿,可推、摔并用。推出圈和摔倒都能得分。突出脚手并用。胜负一目了然。如河南省制定的"太极拳推手比赛规则"。第二种模式,不能击打、擒拿、用腿别摔。推出圈和推倒地能得分。突出手的作用。胜负一目了然。如国家制定的"太极拳推手比赛规则"。第三种模式,不能击打、擒拿、用腿别摔。控制、主动得优势"分",有圈限制但出圈不失分不得分。突出手的作用。胜负是内行看门道,外行看不到热闹,如台州市制定的"太极拳推手比赛规则"。这三种模式,从为散手服务角度来讲,无分优劣。从顶牛程度来讲,第一种因可用腿脚来别摔,顶牛相对第二种模式要轻微,但与摔跤太接近而几无太极推手的特色。第二种顶牛最甚,且顶牛的剧烈程度随比赛圈子直径的减少而增大。第三种拒绝顶牛最彻底。从比赛打分的操作性来讲，第一种最容易，第二种次之，第三种因出圈不失分也不得分，总体把握，优势判断，全凭裁判员的火眼金睛、良心判定谁是比赛场上的控制者、主动者，故而最难。从参赛的人群来讲，第一种最年轻，体能要求最高，精摔跤。第二种次之，懂摔跤。第三种更需粘连黏随不丢不顶的功夫，因而年龄稍大也不十分碍事。第三种最能体现太极拳的核心内容粘连黏随不丢不顶，最能看到太极拳以柔克刚、耄耋能御众的技击特色。第一种模式与摔跤最接近，归并到摔跤里去不失为一种选择。第二种模式顶牛最甚，如果把比赛的圈放大，且出圈不失分亦不得分，就十分接近第三种模式了。采用哪种模式来进行比赛，要视比赛的目的而定。如果想引领太极拳练习者掌握粘连黏随不丢不顶的功夫，拒绝顶牛这个太极拳术的致命伤，又考虑到它的群众性、趣味性、健身性，则非第三种模式莫属。1985年，经层层选拔比赛、集训，我第二次代表浙江省参加在山西太原举办的全国太极拳推手比赛。这次比赛规则与上述第二种差不多，不能用腿别摔勾踢。因不能用腿，要摔倒对手很困难，得分主要靠勉强推出圈。我的对手在整个比赛过程中，请求弃权至少10次以上。每次重新搭手他都提出不比了，手也不伸出来，场上主裁一而再再而三劝他：坚持一下，坚持一下。为什么他要放弃比赛呢？一是他无力抬手，难能完成比赛。我第一次参加全国比赛，从县里开始比直到全国，除全国冠亚军决赛这一场我是失了小分取胜外，其余场次几乎都是以不失一分、只一局就以绝对优势取胜。取胜原因之一就是对手在不轻不重的劲力刺激下肩臂酸不可耐而难以组织有效的进攻。二是可能良心上过不去。不管是我出圈还是他出圈，都是他得分。比赛结束签名时，场上女记录员对我说："你真可惜。"对手对我说："向你学习。"那时人很单纯，也没有想去抗争，只是心里难受。

（三）推手、断手各有针对各有所攻

用意不用力是针对、指导套路练习，与推手几乎无关。粘连黏随不丢不顶是针对、指导推手练习，与套路几乎无关。肌肉张紧，各关节坚韧牢固是针对、指导断手瞬间发力练习。用意不用力、粘连黏随不丢不顶、关节坚韧牢固三者各有针对，各有所攻。推手、断手两者各有针对各有所攻。推手是练，是配合着练，断手是比，是交流切磋，推手、断手分开练，推手、断手不能混为一谈。只练推手，不练断手，散手能力就差。只练断手，不练推手，散手时就打不出太极拳术特有的风格。

（四）不相识，直接断手，无须推手

不相识者之间既然推不顺，那就不要指望能推顺，无须客气，干脆一点，来个断手交流，不浪费时间。断手交流有两个主要目的：一是检测对手的水平；二是如果对手水平高，就虚心学习。对手的体重大或远远地大，如果不能胜你，那肯定水平不如你。如果胜你，那也不好说，对手真实水平与他的实力是两个不同的概念，实力比你强，水平不一定比你高。对手的体重相近，如果胜你，那水平肯定比你高。对手的体重小于或远远地小于你，如果胜你，那水平无疑比你高。体重相近或小于你，又胜你，就要上点心，向他学习。学习的时候，把自己原有固定模式、习惯统统丢掉，丢得越彻底越好，把自己当成初学，当成什么都没学过。学拳容易改拳难，难就难在要丢掉原有固定模式、习惯。瓶倒空了才能装新东西，倒得越空越虚装的新东西越多，虚心使人进步。

与老师、同学之外的人推手很难推顺，这是自然规律。不要误以为与老师推得顺，老师的水平天下第一，如果指责对方不懂推手，是无知。我师父九十多岁时仍坚持每天推手，学生排队轮推。这么多年轻人排队轮推还个个气喘吁吁，外行人看着以为老师的功夫不得了。师傅走路颤颤巍巍不像年轻人这么稳健，推手却稳如泰山，这都是配合的结果。我现在也和当年的师父一样，学生排队轮推个个气喘吁吁，一脸的痛苦，而我却稳如泰山，呼吸平和。学生是一个受力角色，想方设法把老师的劲力尽可能多地承受过来，不仅如此，还要把这股劲力柔柔地渗透到足底，让全身受劲力搓揉。面团越柔韧，越能把加在它上面搓揉的力均匀渗透开来。学生劲力越能节节松开、节节贯串，越是柔软，受到的劲力搓揉刺激越大，越受益。老师则是施力者，每用力都能在学生配合下，淋漓尽致流畅无滞地用出来，所以不费力。万一在我将失重时，学生会牺牲自己的稳定把我扶住

不让我摇晃。这个过程对于学生自己粘连黏随不丢不顶能力的培养也有莫大的好处，是双赢的结果。年纪大了，不要和不相识的人推，以为自己把学生推得晕头转向是能耐，那就大错特错了，要有自知之明。不要和试探功夫者推，摔了后果很严重。求学者要当心，要悠着点，别以为真的越老越利害。

十二、"训练皮肤汗毛的灵敏"是没有的事情

杨澄甫说："口呼鼻吸，纯任自然。"意思是练太极拳的时候不要去管如何呼吸，这里用呼也行用吸也行，身体愿意用呼就呼，愿意用吸就吸，让身体自己做主，不人为干扰和指挥。但是，有人误解了，真的用口来呼用鼻来吸，呼吸之声，几十米开外都能听闻。李亦畬说："彼之力方挨我皮毛，我之意已入彼骨内。"意思是推手的时候，对方与我肢体接触或将触未触之间，我已知对方动向。但是，有人误解了，以为推手练习是训练皮肤感觉的灵敏，更有甚者说是为了训练汗毛的灵敏。如果真是训练皮肤汗毛的灵敏，那么，推手练习是断然不能穿上衣服的。李亦畬老师的原话是："二曰身灵：身滞则进退不能自如，故要身灵。举手不可有呆像。彼之力方挨我皮毛，我之意已入彼骨内。两手支撑，一气贯串，左重则左虚，而右已去；右重则右虚，而左已去。气如车轮，周身俱要相随，有能不相随处，身便散乱，便不得力。"这短短的一段话里竟然出现四个"身"字，"身滞、身灵、周身、身"。显然，"皮毛"两字是假借而已。

散手对抗，功夫高的一方在将触未触之际，可以相隔一定距离就察知对方运动趋势。对于有经验的拳手，这并不困难。篮球运动员承接高速飞来的篮球就类似这样的一个过程。篮球在老远的空中，运动员就能断定它飞到身边时有多高有多快，球手在篮球飞到什么位置时起跳，跳多高，用多大的力，朝哪个方向，都是有感而发不假思索，不后不先不顶不丢流畅接住。这个过程，发挥主要作用的是整个身体的灵敏性协调性，不是区区的两掌。推手可以是"彼之力方挨我皮毛"，散手如果是"彼之力方挨我皮毛"就迟了。"挨我皮毛"算不了什么。"彼之力方挨我皮毛，我之意

已入彼骨内。"其意在整个身体,意在身灵,不在区区的皮毛,更没有"训练皮肤汗毛的灵敏"的事情。

"一羽不能加,蝇虫不能落"与"彼之力方挨我皮毛"一样不能仅从字面上理解,如果真的有"一羽不能加,蝇虫不能落"的功能,就只能一辈子待在家里不要出门了,因为太敏感,外面起个风下个雨打个雷,还不把人惊死累死?加上一羽,落上蝇虫,除了痒痒,没有什么。

十三、重心找不着,力点无须找

在介绍太极拳推手的文章里经常可以看到诸如"找到对方重心,找到对方力点"等字眼。问题是,对方重心能找得到吗?力点需要找吗?

先来看看对方重心能否找得到。

一个均匀空心球体,它的重心位置在球心。假定能够把重心挖出来,它的重量是零,什么也没有。一个均匀实心球体,它的重心位置也是在球心。球心是个点,点没有大小,没有长度,没有宽度,没有上下,没有左右,没有方向。假定能够把重心挖出来,它的重量要多么小就有多么小,零也可以。任何物体都有重心,重心可以在物体内,也可以在物体外,重心不是真实存在的,只是把物体的重力看成集中于一点,是为了便于分析。

一个站立着的人,重心高度一般在50%身高以上。同样身高的人,腿短的重心低,腿长的重心高,上身健壮的重心高。不同的姿势决定不同的重心位置,把手举起来,重心会升高。人体重心并不固定在身体的某一点上,而是受年龄、性别、体形及身体姿势等多种因素影响,它可以不在人体内。一般来说,自然站立时重心应是在肚脐到腰椎连线的中点上。人体重心位置可以通过力学分析或实验确定。

我们试着找找自己的重心。站着不动,也不受外界干扰,能感受到自己身体重心的位置吗?无从知晓无从感受。再试试,前俯后仰,让重心竖线超出支撑面,也就是我们通常说的失重,能感受到自己身体重心的位置吗?同样是无从知晓无从感受。连我们自己都不知道自己的重心位置在哪里，更遑论找到对方的重心。

人体的重心不用找，那是谁都找不着的。

再来看看力点需要找否。

推手对抗，两足站在地面上，有两个力点，双方身体有几处接触，就有几个力点。除此再无力点。推手双方的力点不用找，它就明摆在那里。

推手不找对方重心，因为找不着。推手也不找力点，因为力点在那里明摆着。推手不找重心不找力点，找什么呢？

主要找硬点、软点、运动趋势。

硬点或软点要出就出在各个关节处，也只能出在关节处，因为非关节部位无法屈伸，谈不上硬点或软点。某关节该松不能松，僵硬不能灵动，为硬点；该紧不能紧，疲软无力，为软点。推手缓动时找对手硬点或软点比较容易，找运动趋势相对困难，因为对手加速运动的情况不多。快速急动，加速的情况出现多，整体运动趋势比较明显，比较容易找到，硬点和软点却相对要难找些。

"找到对方重心，找到对方力点"，让人看着觉得有理，实际没有这么回事，是无从下手的。作者写太极拳文章用词遣句既要注意科学性又要注意可操作性客观性，尽量向科学用语向客观事实上靠。

十四、松柔及松柔在对抗中的作用

当力被绵绵的力量别逼封盖堵截窝闷在身体里时，感觉对方的力量犹如泰山压顶大得出奇，没有反抗的余地，连想反抗的念头都没有。有人据此猜想，松软者力量一定大。仅从力量大小角度而言，力量的大小一般多取决于肌肉的生理横断面、肌纤维的数量、肌纤维类型、肌肉代谢能力、肌肉初长度等生理因素。力量大小另外一个重要因素是神经调节能力的强弱，神经支配下对抗肌放松能力的提高也是力量增大的重要因素。简言之，一个人力量的大小主要取决于肌肉的体积，及神经调节能力的强弱。太极拳套路训练虽然对提高神经调节能力有帮助，但神经协调能力主要是由先天因素决定，与遗传关联度很大。太极拳术的专项训练对力量的贡献相对其他武技也是要小得多。所以力量大小不是太极拳取胜的主要因素。取胜的主要因素是松柔。松柔何以有如此奇妙的作用及特征呢？

（一）松柔是最安全、有效主动贴触接敌的方式

接高速抛送过来的篮球，双手先迎上，随即松开顺着来球运动的方向随着球走，给来球一个缓冲，这样不但容易接住来球，还不容易受伤。对于来拳来腿来力，都是先积极主动迎上，随即松开，顺着来拳来腿来力的方向走，给个缓冲。硬接不但容易造成损伤，身体还容易发硬，影响稳定和后续动作的速度和力量。

（二）松柔利于拿梢

在太极拳推手里面有一个"高手拿梢，平手拿根"的讲究。所谓"高手拿梢"，就是高手可以通过接触对手前臂前节近腕处或手指或手掌，控制对手身体。所谓"平手拿根"，即一般水平的往往是需要接触对方肘部、上臂、近肩处或身体才能控制和打击对手。

要把一个站立不动不抵抗的人推动，直接推触对方的根部即身体，要比推触对方梢节即手臂容易。因为手臂会自然发生甩荡，推力不容易传递到根上，而身体与腿脚连在一块，推力作用在身体上就等于作用到根上。当一个人处于运动中对抗中，情况就不一样了。对抗的双方都是将手作为前导打头阵，首先碰触的是手，是有力的手，是与腿脚连在一块的手。高手通过最先最容易碰触到的手，确切地说碰触对手手之前节即梢节，用劲串僵肘关节，锁死肩关节，触在手应在脚，打手即是打脚即是打根。

折掰一根手指，对方会乖乖跟你走，这也算是所谓的高手拿梢。不过，推手里的高手拿梢，它不是折掰对方手指，也不是抓握擒拿对方的手腕，而是通过粘触对方前臂前节近腕处或手指，敲山震虎，用劲串僵肘关节，连带锁死肩关节，致肩僵全身硬。可以用身体的任何部位粘触对手梢节。如，对手用手掌推我身躯，我粘触部位不要化不要走，迎上贴紧抵实，作劲于对方最薄弱的手指，折掰一根或数根手指，细弱的手指不可能

抵得住壮实有力的身躯。如，对手张开手掌抓握我的手臂，手臂的接触部位不要化不要走，迎上贴紧抵实，作劲于对方最薄弱的手指，折掰对手的一根或数根手指。同样的原因，细弱的手指难抵较它粗壮的手臂。用手掌推按高手的胸部或身躯很危险，用手抓握高手的手臂也很危险。

推手较技，敲击对方前臂前端，会被拍得跳起来，如果直接用同样大的力敲击身体，几乎没有效果。散手可以轻拍轻磕对方前臂前端达到破坏对方稳定，使其发不出大力，快不起来，这是压迫性侵略性防守。这些都是杠杆原理所起的作用：对手的足为支点，腰腹部为体重力作用点，腕部为受到的外力作用点。显然，对方身体构成的杠杆于我方来说，是一根省力杠杆，于对方来说是一根费力杠杆，我省力对方费力。开门关门，贴触门框最省力，越近门轴越费力，贴触门轴，就不会转动了。拿梢打梢好比贴触门框施力，省力又最见效。

接触对方手之前节，轻轻地走个弧线，不知不觉改变彼手的前行方向，而此时彼身体仍按原运动方向运动，手往东，身往西，身手运动不一致，身体发生扭曲。身体扭曲，劲力中断，无法进攻，甚至直接摔倒。越松，越能实施拿梢，弧线走得越顺畅越无痕，威力越大。

（三）松柔能发力无断续

松柔接敌不但安全有效，接敌后还能自如发力，发力无断续，攻防一体。冲拳踢腿，只有在十分接近目标或接触到目标后才肌肉紧张发力，之前越放松，运动速度越快，接触到目标后打击力也越大。对搏双方，在力量相等的情况下，越放松越占优，松得充分，发力也充分。身体缠抱在一起的情况也一样，劲力似松非松将展未展，随时处于准备发力状态，处于准备零距离发力状态，不到发力不紧张。如果不够松柔，不但发力不大，动作还不会快。

（四）松柔者有"中间态"

没有一家技击术不讲松，没有一家技击术不讲发力，发力之瞬间，没有一家技击术不是极坚刚。绝大多数技击术对抗时，就是两种状态，在身体没有接触的情况下，能保持松的状态，在身体接触的情况下难免会有程度较大的发硬。太极拳者，在放松和紧张之间多了一个"似松非松将展未展"的"中间态"。有"中间态"者，两手大胆迎伸，蛇行无定向，无招无式，挨何处何处发，进如流水寻缝，退如鹅毛吹风，攻即是防，防即是攻，攻防一体，特别能节省体能。没有"中间态"者，需要通过幅度较大的躲闪、移动，以及密集的组合动作来防守或进攻，特别消耗体能。一个罩子，水泼不进来。疾速旋转的电风扇，水也泼不进来。有"中间态"者，他的出手就是一个罩子，严密、省力、方便。没有"中间态"者，他的出手就是疾速旋转的电风扇，费力费神，且不严密。肌肉具有明显的时间效应，收缩时间越长，收缩力与速度就会越降低。有"中间态"者，两手大胆迎伸，敢于肢体接触，手进身进，是进，身退手不退，仍是进，只进不退，死缠烂打。无"中间态"者，因肢体被连续不断的搁碰遮拦笼罩，肌肉始终处于紧张收缩状态，没有放松的机会，双手会酸累得抬不起来。

只有松和紧两个状态者，不与人接触时是松，比较安全。有"中间态"者，因习惯连着、缠着，在还没有达到学以致用的程度时，不是对手被打动，就是被对手所打动。太极十年不出门，太极拳越练越无用是有一定道理的。未练太极拳前，一身蛮力横冲直撞，本能充分释放，如被撞到，威力尚在，如冲撞落空，因未与对方连着，也没有什么损失。练了太极拳，"似松非松将展未展"初步上身，在还未能学以致用的时候，原先的蛮力横冲直撞减少或消失，要硬硬不起来，要脱脱不干净，拖泥带水，不但无益于对抗，还削弱了原先本能对抗能力。"中间态"是柄双刃剑，练习者要付出"学费"。

（五）松柔是获得专项力量的保证

松柔是发力的准备，是制造机势的手段，本身产生的力量十分有限。杨澄甫先师说："若不用力而用意，意之所至，气即至焉，如是气血流注，日日贯输，周流全身，无时停滞。久久练习，则得真正内劲。"假如一个人只练太极拳套路，不练推手，不练力量，久久练习，称之为内劲的不用力而有力的感觉会出来，但这只是自我感觉自我享受而已。任何一项体育运动都会增强力量，运动项目不同，其对力量的增强有天壤之别。练习太极拳套路虽然也能增强力量，但十分有限。太极拳的松柔产生的力量十分有限，没有力量，对抗无从谈起。

通过松柔，走弧线、缓冲，创造出机势，得机得势后，"把人松着出去"的情况极少发生。"扫帚不到，灰尘照例不会自己跑掉"，接下来的一击是竭尽全力。竭尽全力，有作用时间长的力，有作用时间短甚至是极短的力。如果用的是抖、磕、震等作用时间极短的力，这个力又起到了效果，加上发力之前放松不用力，会给发力者一个假象："把人松着出去。"最后一击的力来自多方面多内容的训练：推手练习中的极大力、老牛劲推习，单操发力，借助器械。推手练习中的极大力、老牛劲推习，必须在极富弹性极柔软的前提下进行，没有这个前提就不能用极大力。单操发力，发力内容多样，有击撞力、鞭击力、抖弹力等。担心借助器械会把肌肉练死，对于太极拳术练习者，这个担心是多余的。器械练力是基本力量，太极拳术用的要的是专项力量。太极拳术者有持续放松不用力的套路练习，有粘连黏随不丢不顶的推手练习，有极富弹性的单操，会十分有效地将基本力量转化为专项力量。如果没有这个转化，没有转化的方法，确实会把肌肉练死。其他武技均不乏有效的转化方法，有的靠套路练习来转化，有的靠单操发力来转化。拳击就是靠千百万次的击拳发力来转化。只要有弹性用力训练过程，都能将基本力量转化为专项力量。一切对抗性武术，都离不开基本力量训练，太极拳术也不例外。太极推手训练如果方法科学，它能极大地代替基本力量训练，也就是说，如果一个人的精力有限，可以不借用器械练力，而是寓力量训练于推手中。

（六）松柔主要体现在臂膀肌肉放松不用力

武术上有"金肩银腰锡肚"之说。能将发出的力有效传递出去，关键部位是肩。能用劲串死对方腰脊，牵动人体重心最有效的打击部位也是肩。推手中，高手拿梢，在用小力可得大效果的对方梢节上做文章，拿与发多是找梢节。通过触梢节，达到制中节、串死根节的目的，根节就是肩关节。臂膀肌肉放松不用力是松的主要体现，肩松则全身松，肩紧则全身紧，肩节是"节节贯串"的关键节点。太极拳套路练习沉肩坠肘，慢慢地肩关节会松下来。推手练习臂膀肌肉放松可不容易，在臂膀肌肉放松的情况下却要将力传递到对方身上，所谓肌松力掤。肌松力掤在字面上理解，肌肉放松却不失掤劲，或者说掤劲必须在肌肉放松情况下产生。"肌松"主指臂膀肌肉要放松。臂膀肌肉的尽量放松不用力，必致肩关节更加的灵活。臂膀肌肉的放松不用力，必连带前臂肌肉放松不用力，从而使得肘关节更加灵活。"力掤"主指全身有掤劲。何谓掤劲？简言之，不用力而有力。肌松力掤的主要意思是，在臂膀肌肉放松不用力的前提下，全身能够产生掤劲，能将力传递到对方身上。推手练习中的肌松力掤，常见有两种情况：一是感觉不到自己在用力，接触作用力微之又微，但却很吃力很累，莫名的难受，甚者头晕。这是因为除足要负担体重受力最大外，其余各部受力一样大，全身任一处都在用力，整体均匀受力，用力轻乃至极轻，察觉不到有特别用力之处。二是感觉全身无一处不在用力，接触点作用力沉重，很吃力很累。这是因为全身由足至腕整体掤劲大乃至极大的缘故。两种情况都"很吃力很累，莫名的难受"，是因为全身肌肉主观上尽量地放松，肌肉作用退居二线，筋膜作用、负担必然凸显。因筋几乎不能产生力量，勉为其难，故而出现莫名的难受。主观感觉臂膀肌肉放松不用力，时时提醒尽量不用力不紧张是能够争取做到的。臂膀肌肉放松不用力，改用重量，用体重力，体重力如海水潮涨潮落，紧紧赖在接触点上，用力和顺流畅。"不觉臂膀用力"是"肌松"的要求，"只觉吃力"是"力掤"的体现。

下编

太极拳推手
基本技术与理论

太极拳推手学习分为四个步骤：疯玩、划圈、练劲、对抗。

一、疯玩

原先有没有练过武术，有没有练过太极拳套路无关紧要，先来个横冲直撞，有什么能耐有多大本事都使出来，直接地充分地体验太极拳推手的真面容。如果依单推手、双推手、散推手、断手、散手次序教学，初学者心里会痒痒：老师与同学及同学之间推手真有这么神奇？真有这么大的能耐？我不信，我不怕！心里这样想，嘴里却不好意思说。老师要替他们想替他们说，最初半个月至一个月，不接触正规推手，就是疯玩，直接与老师或同学对抗。摔跤好手上来，虽然不一定能胜摔跤者，但只要有真功夫，人家一定会有感觉，会向往会接受推手的东西，他吸收了推手的东西后，功夫就会有质的变化和提升。拳击、散手的上来，因不戴拳套护具，横冲直撞时，只用手打不用腿踢，只击胸腹部不击打头面部，只要有真功夫，人家也会吸收你的东西。学生比老师对抗能力强，但不一定比老师有功夫，学功夫还得请教老师。疯玩推手一个月左右，浅尝辄止的淘汰，有兴趣的留下，再转入系统的推手练习。最初一个月左右的疯玩、横冲直撞，要保护初学者的积极性，要让他们在东倒西歪中享受乐趣享受奥妙，激发兴趣，千万不能把初学者弄怕了。有些师父对初学者下重手，把学生弄倒弄痛甚至弄伤，这是师父不自信没有功夫怕漏底的表现。

二、划圈

推手划圈分单推手划圈和双推手划圈。传统教法先单推手划圈，后双推手划圈，出发点是先简后繁，循序渐进。实际情况是，教初学者双推手划圈，用不了10分钟，已经是十分简单了，且双推手划圈身体对称、运动对称，两只手都不空闲。单推手划圈的弊端之一是，一只手有事做，另一只手空闲不自然，成为负担。把时间、精力耗在单推手划圈上不值得，完全可以不要。

传统陈、武、杨、吴、孙太极推手基本练习都有活步推手法，后来杨、吴、孙还增加了定步推手法。当下的推手，其形式、方法层出不穷，花样不断地翻新，有的还编成了套路，大有越变越多的趋势。表面上看很规范，也漂亮，有板有眼，但这是锦上添花还是画蛇添足，见仁见智。从本人的练习经验来看，定步推手似更能练出不丢不顶粘连黏随，形式方法不在多，实用就好就够。定步下足工夫，再活步。而活步不要有双人配合的套路，双人配合的推手套路徒有形而没有劲。步活否，不在双方的配合练习，在对抗，对抗中练习活步。因活步无迹可循，故本书只推荐一种定步双推手划圈作为基本推手法。

老师（着深色衣服）、学生（着浅色衣服）各同出左脚或右脚在前，前后开立步站定，前足足尖与对方前足足跟平齐，两前足内侧距离稍小于肩宽；两手身前相搭，一手搭腕部，高与肩平，一手搭肘部，高与胸平，搭腕部的手手心向内，搭肘部的手手心向外，用腕关节相贴触，为防止用手习惯性抓拿，可两掌轻握拳。（图1、图1附图）

图 1 　　　　　　　　　　图 1 附图

双搭手同时向老师的右腰方向打轮，学生成弓步老师成虚步；老师形成虚步的同时，右臂轻贴擦右肋，右掌轻贴擦右腰部打轮，虚步要求收胯敛臀翘足，实腿单腿支撑体重；学生弓步要求足跟、臀尖、后脑勺三点成一斜直线，与吴式太极拳的斜中寓直一致。（图2、图2附图1、图2附图2）

图 2

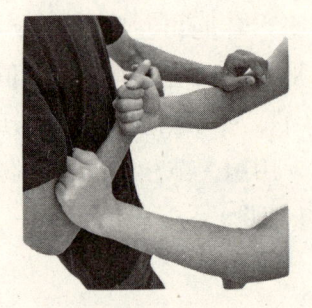

图 2 附图 1 　　　　图 2 附图 2

上动不停。老师继续往后往右往上往前打轮，回到起始姿势；老师向弓步转换，学生向虚步转换。（图3）

图 3

上动不停。老师左手从学生的肘部切换到学生的腕部,右手从学生的腕部切换到学生的肘部,边切换边往学生的左腰方向打轮;学生成虚步老师成弓步。(图4)

图 4

上动不停。学生继续往后往左往上往前打轮,回到起始姿势;学生向弓步转换,老师向虚步转换。(图5)

图 5

这是一个循环。一个循环周而复始可打轮 100 次左右。

前后脚不变,反方向打轮 100 次左右。

前后脚互换,再左右各打轮 100 次左右。

臂、手擦着腰走，能使初学者较快养成沉肩坠肘的习惯。一定时日后，动作不变，两手可以抬高至胸部推习。动作纯熟后可快推，只要不散乱，多快都行，就像风轮打转。

低推、中推、慢推、快推交替穿插练习。

【要点及注意事项】

①打轮时不要有掤、捋、挤、按的意思。进方不挤不按，肩、肘关节脱开，两手如水渗流。退方不掤不捋，肩关节荡挂着、甩抛着，肘关节脱开，两手随势流畅地滑化。如何能使肩关节脱开？打轮时，意在"身手分离"，手的运动不牵涉到身体，与身体"断开不连"。如何使肘关节脱开？打轮时，意在"上前臂分离"，前臂的运动不牵涉到上臂，与上臂"断开不连"。双方用意不用力，如履薄冰，小心呵护"渗流""滑化""分离"，感知不到彼此肩、肘关节的存在。

②双方都要主动、活泼，都严格按照规定路线打轮，一方有意往自己的纵深贴擦着肋、腰走，另一方有意配合让对方达到这个目的。双方都不刺激对方，保证打轮和顺，前后幅度开大，动作正确。打轮相当时日，两手如婴儿般绵软后，再逐渐增加接触作用力，直至竭尽全力推习。竭尽全力推习又称之为"老牛劲推手"。老牛劲推手严格遵循"肌松力掤"的原则，臂膀至少自我感觉肌肉是放松不用力的，产生的"力"却是要很大的，不用力而有力。虽然是竭尽全力推习，但仍不能有丝毫的移动、刺激对方的用意，只是借助对方练自己的劲力。竭尽全力推习与用意不用力推习交替进行。推习不在用力的大小，在用力是否和顺，和顺了，用意不用力可以，竭尽全力也可以。

③搭手有两个接触点，腕和腕，腕和肘，重点在腕腕相触点的走化，劲力集中这一个点上，腕肘相触点为虚触，虚有形触无有劲力。推手是为散手服务的中间练习，推手都是两手接触问劲、控劲，而激烈的散手大多情况是单手相触轮流击打，划圈有意单点走化，是以后散手的需要。常见在打轮时，在自己最有利之时，一手触腕一手触肘把对方推出去。公平的推手较技，应该在散推中进行，不应在双方打轮时进行。规定腕肘相触点为虚触，不但能有效地防止在打轮时，在最容易讨巧的肘部刺激对方，还

能够增加练习难度。

④弓步一方整个身形前拥，足跟、臀尖、后脑勺三点成一斜直线，头往对方胸前靠，两手往对方腰部走，这能最大限度拉伸四肢、躯体。虚步一方收胯敛臀翘足，腰形上顶，身体直立，不前俯后仰，敛臀与收胯相呼应，翘足与其脚跟虚触地相呼应。

⑤腰只可松不可转。虚步一方收胯敛臀翘足，腰形上顶，身体直立，手、肘贴擦腰、肋走化时，只能松腰、身手分离、上前臂分离、双手滑化，不能转腰，转腰会降低走化难度和消弱双手滑化的练习。不能转腰不是把腰死死地固定，不特意有意转，注意松腰就对了。

三、练劲

（一）不丢不顶

太极拳推手的核心内容是不丢不顶，要不丢不顶唯有双方的默契配合。推手中的不丢不顶是一种力学行为，不是生活中的某些现象。如，一个歹徒行凶后手里还拿着刀，怎样做才能既不让歹徒走脱，又保护自身免受伤害？一边报警，一边与歹徒不即不离保持距离，他跑，我追，他过来，我跑。在生活中这叫不丢不顶。但是，这个不丢不顶不是我们推手的不丢不顶，因为这个不丢不顶，双方之间没有肢体接触，没有肢体接触就没有力的相互作用，就不会发生力学行为。又如，我们推一辆小车，轻轻地推，它慢慢地走，重重地推，它快快地走，这叫不顶。换个方向，拉小车，轻轻地拉，它慢慢地跟，重重地拉，它快快地跟，这叫不丢。推手练习的不丢不顶与推拉小车的情形相似，人车彼此相互接触且有作用力。不同的是，推拉车是抓握着用力，推手不能用手抓握着用力，只能粘黏着用力，推拉车是硬性用力，推手是弹性用力。推手所言之不丢不顶是力学过程，时而使大力，时而使小力，推习过程中不允许须臾不用力的情况出现，也就是说不存在双方接触作用力为零的情况，哪怕是瞬间也不行。如何操演才能表现出太极推手的不丢不顶来呢？

1. 要想不顶，先要互顶

推手不同于断手和散手，推手有两个必备特征：一是配合性，二是不丢不顶。怎样才称之为"不顶"？推手意义上的不顶是在双方接触力互顶的基础上，一方推着另一方走。甲用力，乙亦要用力，且接触点抵紧贴实、两力针锋相对造成对顶，而后根据双方功力互相配合，一方身体如弹簧在伸长，另一方身体如弹簧被压缩，一方推着另一方走。两力相顶时，双方的身体犹如两根连在一起的弹簧均受对顶力的作用，在力的挤压下朝同一方向运动，力的作用点不能有哪怕是瞬间的停顿不动，力的作用点呆死停顿不动，这是真顶了，是错误。如果没有双方的配合及两力对顶、接触点抵紧贴实的条件，充其量是表面形式上的一方曲缩另一方跟随，不会有双方身体如弹簧在受力状态下的压缩、伸长，是空空的你走我跟，没有力的相互作用。

2. 有了不顶，不丢已在其中

大人牵着小孩走，在生活中，我们可以说小孩跟着大人"不丢"。小孩与大人不手牵手，速度相同跟着大人走，我们也可以说小孩跟着大人"不丢"。然而，前种情形的不丢与后种情形的不丢，在力学上有质的不同，前者有力的相互作用，后者没有力的相互作用。推手练习中的不丢与前者有点类似，但不同。推手练习中的不丢，不能用手抓、拉，大人牵小孩是靠手拉。那么，推手练习中的不丢是怎样形成的呢？答案已经有了，"不顶"做到了，一方推着另一方双方步调一致齐步走，"不丢"不就已在其中了吗？空空的一方走另一方跟，不是太极拳术意义上的"不丢"。

（二）三尖触接失重定步推手法

要想不顶，先要互顶，顶力哪里来？顶力由肢体的重量产生。双方配合，有意失重，重心超出支撑面，产生体重力。向前撞，往后荡，体重力的运用最充分，顶力最自然。

动步推手不容易造成失重，采取定步推手的形式比较理想。推习中，粘连黏随不丢不顶仍为核心要求。

1. 学习三尖触接失重定步推手法

分向前撞、往后荡两个节点讲解。

（1）向前撞

老师（着深色衣服）前臂前节或腕节贴触在学生（着浅色衣服）前臂前节或腕节处，且置于学生双手的上面和外侧，便于老师带劲喂劲和掌控局面；双方各出左脚或右脚在前，足尖平齐，足尖平齐是为了双方站定的距离比定步划圈稍大，便于失重。（图6、图6附图）

图6 　　　　　图6附图

学生向前，身体前倾，腰形上顶，两足跟离地，两足尖点地，重心逾越出两足支撑面；老师顶住，顶力恰到好处，边顶边后坐回移；在互顶力的作用下，双方一起朝老师回坐方向运动。学生重心较高，失重不是很多，老师可以站得高一些（图7）。学生重心较低，失重得比较多，老师要拉开步子放低身体重心才能平衡得住（图8）。

图7　　　　　　　　　　　　图8

【要点及注意事项】

①学生两足跟都要离地，如只一只足跟离地，失重会不充分或不会失重。

②如果老师拿掉双手，学生仍能站稳而不动步，这是学生失重不够，是错误。老师可以突然拿掉双手以检验学生是否做对。

③学生失重前撞要控制，如果老师被撞走，说明撞力过大，既要失重前撞，又不能把老师撞动。

④学生失重前撞时，腰形上顶，颈项上顶，不上顶就没有顶撞劲，失去顶撞作用。

⑤学生是手腕与老师接触，肘较直曲度小，这种结构，接触点与自身重心距离远，力臂长，体重力是通过肩、肘、细弱的前臂到腕传到对方。如果掤劲质量差，过于硬，就会造成僵死，从而硬顶对方，背离似松非松将展未展的使力原则。如果掤劲不足过于软，体重力最会从自己软塌的肩关节"漏"出，体重力从此处断开，不会再顶撞到对方身上。

(2) 往后荡

上动不停。学生前撞至将出现无法控制时，给老师一个恰到好处的带点爆发性的力，借助反作用力，腰脊命门反弹回抽，后坐回移，转为不失重；学生后坐回走，老师随之，仍保持前臂前节或腕节相贴触；学生继续后坐回移，一坐到底，两足跟点地，两足尖离地，重心逾越出两足支撑面，把体重力荡挂在老师的手上。学生重心较高，失重不是很多，老师可以站得高一些（图9）。学生重心较低，失重得比较多，老师要拉开步子放低身体重心才能平衡得住（图10）。

图9

图10

【要点及注意事项】

①如果学生反弹力不够，影响回坐后移，可以给学生一个恰到好处的带点爆发性的力，帮助学生往回走。如果学生能够主动回坐后移，无须给力。

②回走后坐两足尖都要离地，如果只有前足尖离地后足尖没离地，失重会不充分或不会失重，即便失重，带来的体重力也不会大。

③学生往回走时，老师"不让走"，如何才能做到"不让走"呢？通过粘黏劲拉住学生的手腕，不能用手抓握，双方形成对拉对拔态势，在对

拉对拔力的作用下，一起朝学生回移方向运动。

④不管是前撞还是后荡，双方接触作用力都互相矛盾对抗，前撞时双方两力对顶，后荡时双方两力对拔。矛盾对抗要恰到好处，形成一个和谐的矛盾统一体。

⑤老师带劲喂劲相当一段时间后，反过来，调换角色，老师有意失重，让学生控制老师。随着练习的纯熟，变些花样出来，比如，加大失重程度，增加下蹲幅度，向左右荡挂，等等。

⑥"练太极拳者不动手"是杨澄甫老师说的。"练推手者不用手"是推手的实际写照。向前撞，用的是腰的顶力，往后荡，用的也是腰力，即腰的反弹回抽之力。推手实际上是双方腰的对话，只是形于手而已。

以上这种推习方法称之为"三尖触接失重定步推手法"。它有"三尖""定步""失重"三个特征。"三尖"，就是推习过程双方只能用手之前节近腕处贴触，不能抓握，不能用前臂以上部位贴触，这是一个尖，手尖。向前失重时，两足跟尖离地，两足尖触地，向后失重时，两足尖离地，两足跟尖触地，这是两个尖，足尖和足跟尖。手尖、足尖、足跟尖共三个尖。"定步"，就是不动步。"失重"，就是向前向后重心都要超出支撑面。三尖触接失重定步推手法又常称之为"临界推手法"，因练习时，虽失重却在老师粘黏劲控制下，学生处似稳非稳的临界状态，受劲极大。名三尖触接失重定步推手法，是因它把三尖、定步、失重三个特征突出出来，便于正确操作。名临界推手法，是因它把处似稳非稳的临界状态和受劲极大的特征突显出来，便于对照体验。

2. 练习三尖触接失重定步推手法的作用

(1) 内练一口气，外练筋骨皮

这是一种双方配合严格意义上的不丢不顶粘连黏随推手法，大多情况是老师与学生配合推习，或水平高的与水平低的配合推习，学生或低水平方一般每次只能坚持推半到一分钟，并常伴有头昏眼花、恶心、四肢疲软无力等生理现象的出现。坚持不了半到一分钟，是由于断气所致，气断则全无斗志，连再推一秒钟的勇气和力气都没有。一鼓作气，一气呵成，不断气，是这种推习法的关键。这里所指的不断气是什么意思呢？

物理、化学上的气很确切，就是气体，是实物。而中国古代的气则很不确切，它无所不在，反复地用于囊括自然、社会、人的各个方面：

行为上的气，诸如一鼓作气、一气呵成等；

哲学上的气，诸如天地合气、太虚不能无气等；

中医上的气，诸如元气、胃气等；

文艺上的气，诸如气韵生动、书卷气等；

历史上的气，诸如气运、气数等；

社会上的气，诸如风气、正气等；

自然上的气，诸如天气、地气、空气等；

人身上的气，诸如气质、气势等。

太极拳里面的气也是很丰富，诸如信心、信念、气势、一鼓作气、一气呵成、元气、精气，等等。在练习太极拳的时候，元气、精气等生理方面的气不受指挥，不以人的意志为转移，无法管，也无须管，形正气就顺，十分简单和高级，我们要做的就是顺其自然不要人为去干扰它。要管的是信心、信念、气势、一鼓作气、一气呵成等行为上的气。

三尖触接失重定步推手推习，强调一鼓作气、一气呵成，在精神激发的状态下完成严格意义上的不丢不顶粘连黏随任务。一搭手即全身心投入，不待扬鞭自奋蹄，不说话，思想不开小差，可发声，以提振精神，增强气息。向前失重、向后失重为一个回合，七八个回合后，气喘吁吁，酸不可耐，停手后，始觉身体发软，有的伴有头昏眼花、恶心，称之为断气。某年冬天，天气很冷，我的同学一进门，我们就把师父让给他，让他热身取暖。可能是准备活动没做，不到10秒钟，这个同学突然昏厥直面下栽，嗑断三颗门牙。正常情况半分钟左右断气，特殊情况不到10秒钟断气，什么原因？笔者一直在找，苦于生理、心理方面知识的浅薄，目前仍没有答案，只疑是脑部缺氧。在心理上，所谓断气，就是失去信心。信心，亦作信念。当病入膏肓者对亲人说"我不想再坚持了"，很快他就会死去。信念支配行为，行为决定结果，有什么样的信念就有什么样的结果。三尖触接失重定步推手，体能消耗、机体受刺激都非常之大，在这种情况下还要保证推出严格意义上的不丢不顶，信心、信念是关键。一搭上手，发声，立马兴奋起来，有个信念，不管多累，一定要保持高质量的严格意义上的不丢不顶。推习过程越是松柔绵软，劲力展开过程在不呆滞的前提下越是缓慢，前后失重时幅度越是大，坚持的时间就越是短。推习不在时间长短，在质量，质量越高时间越短。不能或者无法做到严格意义上的不丢不顶，或者时连时断，就不会累不会酸，效率低下。这不仅仅是效率低下的问题，一旦养成时连时断的习惯后，会不知不觉地远离太极拳术。平时划圈推手练习，一次可推习几十分钟以上，即使推手对抗练习，每次也能坚持几分钟，这是因为过程有太多的丢或顶，出现丢或顶就有换气的机会和时间。三尖触接失重定步推手则不能，双方高度舍己从人，劲力高度契合，过程没有丝毫不丢不顶的丢失。

如果劲不能连，不能做到不丢不顶，就谈不上气断不断的。如果气断了泄气了，劲就有断续有空隙。气与劲的关系好比气与血的关系，气领劲随，气领血随，虽是领与随，却是同步。有一比，一拳击出，拳领肘随肩催，虽是领、随、催的关系，却是同步。虽是同步，却各司其职各有分工。不断意不断气不断劲，意切气足劲连。

失重状态下的机体，上下里外无处不挪，如百炼钢，久练后周身不畏击打。对抗需要平时大运动量训练，三尖触接失重定步推手练习，寓技术、功力训练、大运动量于一身，内练一口气，外练筋骨皮。

(2) 训练肩节传力转力能力

大多情况，腿发力经肩形于手施予对方。当与对方身体接触力达对方身上时，足蹬地之力和手施加给对方之力，如果不考虑体重力的话，是一样大，力路径上身体的任何一点受力都一样大。身体各节各部位粗细不同强弱不同，在受力相同的情况下，显然承受的负担受到的刺激不同，差异很大。在这个力路径上的足、腰、肩、肘、腕等诸节，肩为关键之枢纽。为方便说明肩的关键枢纽作用，我们来一个极端假定，假定腿发力为竖直方向，手施加给对方的力为水平方向，两力成直角。腿较之肩要粗壮有力得多，腿发出的大力既要靠相对细弱的肩关节不减分毫地来传递，又要靠其转变近90°方向水平传递。肩在技击中的作用、地位、难度可想而知。跳高先水平助跑，再近竖直跳起，由水平运动转为竖直运动。一个优秀的跳高运动员能够将水平运动能量最大限度地瞬间转变成竖直运动能量，一般的人做不到，所以也跳不高。跳高运动起跳瞬间存在一个力的方向转变过程，肩节在传递腿力时也有一个力的方向转变过程，两者异曲同工。大多数练武的人，腿有力不成问题，瓶颈是在肩关节或僵硬或疲软，有力传不了，方向转变不了，箭头不硬徒有箭杆硬。"金肩银胸锡蜡肚""运用在两肩"都一针见血地指出肩关节作用的关键性。肩为关键节点，肘的作用也至关重要。在运用触梢节串僵中节锁死根节制人时，如果对方中节即肘节疲软无力，肘节就会被折曲僵死难以发力，连累肩节无法走化导致全身被动。杨澄甫先师说："两臂骨节均须松开，肩应下垂，肘应不曲。"肘何以能不被折曲？初练三尖触接失重定步推手法，第一个难受的就是肩节，肩节首当其冲酸不可耐，在练出"金肩"的同时，肘节的稳固坚韧不曲也已连带练成。肩、肘稳固坚韧灵活，力必能顺畅传递，前节必然有力，全身之力必达掌指，前节有力，是内家拳必要必有之要义。反过来，前节是否有力，看肩、肘。

(3) 形成全身无处不弹簧

向前失重两足跟离地，向后失重两足尖离地，前节近腕处贴触，足尖、手尖两个身体上相距最远的梢节组成了"弓"的两个末端，显然，这是人体里诸多弓中最长的一把弓，是人体里一把最长最大最强的弓。从力学角度，这种状态结构，人体这根杠杆的力臂为最长。失重主要是腰腹重心超出支撑面，超出支撑面后形成的动力或阻力很大。力臂长，动力或阻力大，杠杆的放大效应达最大，自足至腕全身无一处不得到超强弹性刺激，无一处不得到锤炼。人体这根杠杆不完全等同于物理上定义的杠杆，只是近似。物理上定义的杠杆是刚体，人体杠杆是似松非松将展未展，硬不硬软不软富有弹性。全身只要有一节发硬或疲软无力，劲便会从此处漏出，弓便不复存在，杠杆放大效应便不复存在。老师通过触接弓的一个末端即手之前节加力，弓的另一个末端即足尖固定不动，人体这把长弓就处于被压缩之下。压缩至极限，让学生在恰到好处的压力下慢慢地自行反弹。反弹完了，复加力压缩。失重时身体是弧形弓着的，老师在意识里正好可以把学生的身体看成、想象成一把弓，学生也这样想象，如此，加力弓的末端反复压缩弓把就很真实很好操作了。学生会像豹子一样充分利用筋膜的弹性，柔软而有力。筋膜包绕着肌肉、肌群、血管、神经，延绵不断贯穿身体上下。筋膜训练讲究尽可能流畅轻柔整体地完成动作，这种慢速动态拉伸较长的躯干筋膜链，而不是拉伸局部肌肉和筋膜的推手练习方法，非常有利于筋膜网络。气清而平，平而和，和而畅达，能行于筋，串于膜，以至通身灵动，无处不行，无处不到。气至则膜起，气行则膜张。能起能张，则膜与筋齐坚齐固。

(4) 掌握"赖"技

限于推手较技，手小动身大动，可有效、方便地把体重力、惯性力赖在对方手上或身上。生活中碰到无赖是一件十分伤脑筋的事，赖着你缠着你黏着你，甩不掉脱不开，秀才遇见兵有理说不清。推手时能把体重力、惯性力赖在对方手上或身上，也会令对手很伤脑筋。背一个昏迷或者醉酒的人和背一个清醒正常的人，感觉是很不一样的。正常的人在背上会配合，会主动把两个胳膊弯过来，部分体重压放在背者肩、背上，两腿往里夹，部分体重压放在背者的腰胯上，这样背起来就省力得多。昏迷或醉酒者在背者背上就像一团烂泥直往下滑落沉坠，体重几乎全部"赖"在背者的两手上，特费劲，不好背。推手赖的功夫好的人，沉肩坠肘、气沉丹田，利用肢体或身体重力，身如烂泥，压在对方的力头上，令"拼搏负重"，苦不堪言。赖的功夫在推、摔中可以运用，在拳击中也可以使用。拳头击出带着体重运动惯性，点紧头重将体重力赖到击点上往击点渗透，击打力既大又持续作用时间长。当与人交手时，有赖的功夫，体重力能派上用场的话，不管是推是摔是打，都多了几分胜算。

常见的一般的推手，手的运动幅度和频率都要比身体的运动幅度和频率大，尤其是要比腰腹的运动幅度和频率大。为求稳求胜，拉开步子，板硬着腰腹身躯，手风车般"乱挪"舞动，只见手动不见身动，手大动身小动或不动。三尖触接失重定步推手练习的时候要力求把手"捆"住，把肩、肘"固定"住，手的动度减少，身的动度增加，把腰腹解放出来。随着失重，腰动来荡去，手随方就圆挂在腰上，手小动身大动，腰为主，手为次。实用时一个成功的爆炸发力，手的动度很少，腰腹的动度也很小，是"零"距离，表象上看是双方两手接触较量，而实际上是以我粗壮之腰腿对彼细弱之双臂，以大打小，以强胜弱。挨何处何处发、手不空回、换劲不换手、化打一体等内家特有打法，都是手小动身大动的结果。三尖触接失重定步推手练习，在失重的同时，体重力似松非松将展未展地往对方手之前节赖、挂，用力和顺舒畅恰到好处，不赖死。

（5）有利于中定劲的培养

中定劲可以通过两个途径练习，一是规规矩矩一板一眼遵循拳论身法要求，二是俯仰伸缩东倒西歪不正中练正。醉拳是典型的俯仰伸缩东倒西歪不正中练正的拳术。平日不小心失重摔倒，在失重摔跌过程中的挣扎，人体的协调性、应激性、整体性发挥最强最好，是本能反应。这种现象给我们的练习一个启示：借助失重，能达到最强最有效的动员全身心参与，充分调动人的运动潜能的目的。三尖触接失重定步推手练习，在失重时并不把全部体重挂在对方手上，挂多少视对方和己方的功力而定，以柔韧无比、不丢不顶、用劲至极限为标准。失重状态下坚持如此高难度的操作，其中的中定能力、回复能力，不求自来，不强自强。

（6）操演肌松力掤

王芗斋的意拳理论简单直白，言简意赅，往往一发破的直指要害，现代人一看就明白。太极拳与意拳同属内家拳，里面有许多的相通相同之处。意拳可以参考太极拳理论练习，太极拳可以参考意拳理论练习，相互借鉴、融合，直取捷径。"肌松力掤"是意拳提出来的，它对太极拳推手练习同样有积极的指导意义。

肌松力掤，字面上理解，肌肉放松却不失掤劲，或者说掤劲必须在肌肉放松的情况下产生。太极拳套路或站桩练习，肌肉放松不用力，认识上都能接受，也不难做到。推手练习也要肌肉放松不用力，有人可能不会接受，更不知从何入手。太极推手练习的核心内容是不丢不顶粘连黏随，要做到不丢不顶，须弹性用力，要做到粘连黏随，用力须绵软，既绵软又有弹性。不是所有的物质都具有既绵软又有弹性的特质。沙子不绵软也没有弹性，只能是散沙一盘。石块不绵软也没有弹性，只能是顽固不化。流动的空气既绵软又有弹性，强风摧枯拉朽。汹涌的波涛既绵软又有弹性，覆海移山。人体天生具有既绵软又有弹性的特质，但是，随着年龄的增大和日常生活用力劳作的积累，这个特质日趋减弱减少。推手练习不但要恢复和加强机体这个特质，还要把机体打造成为"水"或"空气"，水或空气才能兴风作浪滔滔不绝。

"肌松"主指臂膀肌肉要放松。臂膀肌肉尽量放松不用力，必使肩关节更加灵活。臂膀肌肉的放松不用力，必连带前臂肌肉放松不用力，从而使得肘关节更加灵活。武术谚语"金肩银腰锡肚"从另一个角度诠释了一个道理，肩关节能松，则全身其他关节皆能松下来，肩松则全身松，肩紧则全身紧，肩节松是"节节贯串"的关键节点。肌肉紧张用力，关节一定不灵活，关节的灵活程度取决于肌肉的放松程度。肌肉越能放松，关节越能得到刺激和解放。关节是骨与骨的连接，韧带把骨与骨连接起来，运动中，肌肉放松少用力不用力，势必增加韧带的承力负担，加大对韧带的刺激力度，这正是内家拳练筋不练力要求的需要。

"力掤"主要指全身有掤劲。何谓掤劲？简言之，不用力而有力。

肌松力掤主要意思是，在臂膀肌肉放松不用力的前提下，全身能够产生掤劲。站桩一段时间后，肌松力掤会有体验，太极拳套路练习一段时间后，肌松力掤也会体验得到。站桩、走架体验到肌松力掤不难，单人独练的单操发力做到肌松力掤也不难，难的是，推手练习的时候能够做到肌松力掤。推手练习做不到肌松力掤，那就很难改变不用硬力不用蛮力的用力习惯。

太极拳套路练习的时候要求用意不用力，但是腿部负重所需之力，是自然力，省不了。同样的原因，推手练习的时候，用的是自然力，肌肉彻底放松推不成手。推手练习臂膀肌肉放松特指主观感觉不到自己的肌肉在用力。臂膀肌肉放松，在练习者本人它是一个主观感觉，但在师父手里，它却是实实在在的客观反映。师父能知道你臂膀肌肉是否放松，放松到什么程度。臂膀肌肉放松不用力是一个方面，在这个前提下，是否做到力掤，是另一个方面，这两个方面同时具备，才算肌松力掤。推手练习中的肌松力掤，常见有两种情况：一是感觉不到自己在用力，接触作用力微之又微，但却很吃力很累，莫名的难受，甚者头晕，疑是脑部缺氧；二是感觉全身无一处不在用力，接触点作用力沉重，很吃力很累。第一种情况"感觉不到自己在用力"，是因为用力轻乃至极轻，全身任一处都在用力，除足要负担体重受力最大外，其余各部受力一样大，整体均匀受力，察觉不到有特别用力之处。第二种情况"感觉全身在用力"，是因为全身由足至腕整体掤劲大乃至极大的缘故。两种情况都"很吃力很累，莫名的难受"，是因为全身肌肉主观上尽量地放松，肌肉作用退居二线，筋膜作用、负担必然凸显，所谓"易筋"，因筋几乎不能产生力量，勉为其难，故而出现莫名的难受。感觉不到自己在用力，但却很吃力很累，莫名的难受，甚至头晕，是谓"气推"。感觉全身任何一处都在用力，很吃力很累，是谓"筋推"。臂膀肌肉不能放松，就要就会用硬力用局部力，哪里有硬力，哪里就是力的断点，全身之力会在此断开不连，充其量是局部之力，是谓"力推"。主观感觉臂膀肌肉放松不用力是能够争取做到的，时时提醒尽量不用力不紧张是可以做到的。臂膀肌肉放松主观上不用力，改用重量，用体重力，体重力如海水潮涨潮落，紧紧赖在接触点上，用力和顺流畅。"不觉臂膀用力"是"肌松"的要求，"只觉吃力"是"力掤"的体现。不觉臂膀用力，只觉吃力，是肌松力掤的另一种表述。

　　肌松力掤练习是自然力的培养，是肢体曲伸开合能力的培养。内家拳肌松力掤的练习与外家拳直接练快练硬练重的练习不同。相同级别较技，谁控制了距离和角度，谁就能流畅地发力，一方能发力，另一方就难能发力，处处受压制。能发力者，既"力大"又"速度快"，胜率就大。可以以优异的体能素质，通过纵跳腾挪控制距离和角度，也可以通过优异的肢体曲伸开合控制距离和角度。显然，时而"手退身不退"，时而"身退手不退"的肢体曲伸开合，较纵跳腾挪省力省时。这也是为什么有些内家拳老师要求学生注重自然力的培养，不提倡学生练力量的原因之一。有些内家拳老师只教学生空击发力，反对学生打沙袋，是因为打沙袋的时候，在拳头触及沙袋之瞬间，腕关节肘关节及上前臂肌肉都要掤紧，不掤紧关节容易受伤。这一掤紧，既影响了速度，又把一部分能量消耗在掤紧部位了。空击发力与打沙袋发力不同，空击发力只在手运动到最远点时，提顶、拔背、顶腰、顶膝、抛肩、紧拳、抖腕，完成发力过程，因无受伤之虑，有力尽发，十分松透。高速挥动纸币可以断筷，尽管是纸币软筷子硬。纸牌切瓜很难，然而，挥臂抖腕高速飞出的纸牌却能轻易切入瓜内。铁针扎穿玻璃很难，然而，挥臂抖腕高速飞出的铁针却能破洞而出。空击发力，肌松力掤，节节贯串松活，拳速非常之快，它也能起到类似纸牌切瓜、铁针洞穿玻璃而自身安然无恙的效果。太极拳的"极柔软然后极坚刚"，它的坚刚应该体现在效果上，是由极柔软后带来的。

　　推手练习要坚持肌松力掤，首先是老师喂劲和提醒。学生知道臂膀应该放松不用力，主观上也在努力这样去做，但是客观表现是否如人所愿，拿捏是否得当，是不知道的。老师手把手推习，可以指出学生哪里是断点，哪里是硬点，呆滞了或是滑脱了，顺遂流畅否，哪里做得比较好。有断点、硬点、呆滞、滑脱，就成不了"水"或"空气"，推手过程就不会有"小风小浪""大风大浪"滔滔不绝的过程。同学之间推习有配合有对抗，配合性推习坚持肌松力掤容易些，对抗的时候要难许多。平时练习，即使对抗，也要时常提醒自己坚持肌松力掤，尽管这常常是一厢情愿。人体在很多姿势结构中，受结构的制约，很难都能如水一样发生弹性形变，通过锻炼，受制约的姿势和机会会少一些。对抗比赛和对抗练习不一样，比赛时能做到坚持肌松力掤最好，因为这种状态技击能力最强，做不到就顺其自然，本能反应，以胜为求。

推手练习的时候要做到肌松力掤，需要特定的练习方法。三尖触接失重定步推手法保证全身上下无一处不产生掤劲，也可以说是专为操演肌松力掤而设。

3. 练习三尖触接失重定步推手法的个体差异

个体有差异，同一种练法同一个要求，不同的人有不同的表现。下组图是三尖触接失重定步推习时，不同的人不同的表现。下图中左边均为老师，右边均为学生。

其中，学生失重的有：图13、图14、图18、图19、图21。

老师失重的有：图11、图12、图15。

师生同失重的有：图16、图17、图20、图22。

图11

图12

下编　太极拳推手基本技术与理论

图13

图14

图15

图16

图17

图18

43

图 19　　　　　　　　　　图 20

图 21　　　　　　　　　　图 22

4. 练习三尖触接失重定步推手法的几个要求

（1）只讲接劲吃劲不讲化劲

化劲有两种境界，一种是仅使对方落空打不到自己，一种是让对方落空失势的同时再加力使其雪上加霜。对方力过来，我方一个滑闪或走一个弧线，把来力化掉，对方虽落空但却仍安全，我方也没有占到便宜。这是前一种化劲的功夫，不足为奇。对方力过来，如果前冲惯性力不大且呆滞，我方与其针锋相对，堵截力头，对方某关节吃不住，身体会从这个关节抛出。如果前冲惯性力大，就顺着对方的力加力，加速其前冲速度，往空处跌。后一种是化打一体，充分利用对方的力，不浪费对方一点力，我方要追求的是这种化的功夫。这种功夫不是通过所谓的化练出来的，它有化的效果，但不能有化的专门练法。这种功夫的获得有赖于只讲接劲吃劲不讲化劲的练习。平日练习时，对每一来力都与其相抵触，自相触的手到足底相连成为一根人体弹簧，时而一方被压缩，另一方被拉伸，时而另一方被压缩，一方被拉伸，压缩、拉伸，交替进行，不滑走、漏掉对方的一点力，全部接纳吸收。这样的练习双方都无劲力空隙，是没有空隙的全身劲力的对话，推习过程是由劲说了算，不由人、招式说了算。实用时，埋头接劲吃劲自然产生化的效果和功夫。常见的所谓化的专门练习方法，十之八九可与逃丢画等号。

(2) 持双赢理念，具牺牲精神

日常生活中，与人方便即是与己方便，这是屡试不爽的事实。练习推手技艺也不例外。每一动都是顺着对方的力的走向，如感觉不顺要出现断劲，就要主动牺牲自己的稳定，让对方明显感知到你力的动向，由对方轻松地把你粘回来。一个"粘回来"就不会发生断劲现象了。不能有丝毫的胜负、面子观念。把自己交给对方，对方掌握你的动向后，只是压迫、拉伸、搓揉、控制，不发放。对于对方的每一施力，都要保证让其充分发挥，通畅无阻，力争用力和顺没有棱角。鉴别假币有许多方法，其中的一种方法是不接触假币。银行职员天天与真币打交道，不接触假币，一旦碰到假币，马上条件反射出现异样感。推手只会和顺没有棱角，只有高质量的不丢不顶粘连黏随，一旦对方出现断劲、硬力、丢顶，马上就会感觉出异样。这和鉴别假币却不接触假币的道理是一样的。推手练劲持双赢理念，顾及别人，帮助别人练劲，帮助别人把劲理顺，一心提高别人的水平，这反而会使自己提高得更快。一个巴掌拍不响，如果对手不与你配合或配合水平不高，都无法推得和顺，这样你就要接触到"假币"了。不惜牺牲自身的稳定努力争取和顺，双方都这样去做，都这样去帮助别人和顺，就不会接触到"假币"，这是"吃小亏占大便宜"，无为无不为。

(3) 失重利用体重力的实践

孙存周先生曾经讲到："拙力尽去后，不用力还要把拳打出去，打法尽在一个赖字，就是整体赖在别人身上，力气越大的人整体力肯定大。"推习对抗中，大胆失重，不要怕，多摔几跤，不会摔了，赖的功夫就可以实用了。这方面的练习最好与摔跤选手进行。摔跤选手往往主动失重而引发对方失重，往往脱手滑进快速做动作，打你脚的主意，其快可用"闪电般"形容。他打他的招式，你打你的劲路，因练招式见效快，最初常有可能被莫名摔倒。摔几个跟斗，适应了，他无计可施无可奈何了，你就实现了无招胜有招。破招容易破劲难。年纪大的就不要尝试，万一失手易造成伤害。只要属利用体重的技法，都或多或少地有失重的趋势和失重的发生，其危险性、不安全因素显而易见，是一把双刃剑。如果双方功力悬殊，一方能完全驾驭另一方，则高功夫方可以充分利用体重力"赖"在对方身上制约对方，省下许多力气。

每见用力学探讨推手的文章，大都讲的是应怎样利用或遵循杠杆、动量、力矩、力偶、冲量等知识，在推手实践中如何保持自己重心稳定而不失去平衡，以巧以小胜大制大。其实，在推手、断手或散手时，每当对方手伸插过来贴触我们的身体，双方互相抱摔时，利用体重身体走劲是很平常的。特意失重和利用体重力推手是太极拳术的重要练习。

(4) 失重与立身中正

人或疑，太极拳不是有"立身中正"之要求吗？为什么要特意失重？

立身中正、不偏不倚等要求，在平常练习尤其是走架练习时是要严格遵循的。但是要明白，"立身中正"不等同于"身体正直"，"立身"与"身体"含义不同，"中正"与"正直"其义也相差甚远。孙式太极拳的"践步打捶""闪通背"身体前俯幅度很大。吴式太极拳里，前俯、倾斜的式子比比皆是。这些姿势明显都不符合"身体正直"，但却是满足"立身中正"的要求。"立身中正"是太极拳所要求的，"身体正直"只是"立身中正"中的一种姿势。在双方不讲配合，比输赢的断手、散手、摔跤时，难免要出现不符拳术练习要求的身体姿势，此时非常规的俯仰伸缩，不得已失重乘势靠仆常可取胜或扭转危局。搏击中，有时对手正被打得摇摇欲坠，而此时我方也正处不得力状态，难能施展拳脚给以乘势打击。机会难得，此时常身体跃起，在失重状态下利用体重力、冲劲将对手扑倒。奔跑中追抓逃犯，常用而且十分有效的方法就是身体跃起将奔跑状态下的逃犯扑倒擒获。双方靠得很近，对手突然脱手冲我双腿，试图抱腿摔，因双方靠得近，要退步很困难或不可能，此时此情，对方势在必得，重心前倾甚至失重，冲势急快孤注一掷。如果双足被其抓握，则对方的冲力、失重时的体重力都会转嫁到我方的身上，而我因无退路，难免被摔倒。如果在对方未抓握住我足之前，我俯身或跃起，上身前仆，在失重情况下把我的体重压往对方的后脑、脊背，加速对方的前栽，反将其摔倒。实战时，任何预料不到的情况都会发生，如，地面湿滑、起伏凹凸不平，场地所限不能从容进退等等，此情此景非"常规"的方法就会派上大用场。

利用重心移动对抗，身体的回复力即中定力是关键。重心移动引起重心线的变化，有三种情况。一是重心线经过躯干，并落在两足的支撑面内，如，身体直立，或身躯竖直的情况下弓步、虚步转换。二是重心线不经过躯干，但仍落在两足的支撑面内，如吴式太极拳的弓步，身体有较大幅度前倾时的情况。三是重心线超出两足支撑面，如单足点地，身体有较大幅度的弯斜。这三种重心线的变化都可以用于对抗。我们平日的推手练习不可局限、拘泥于如何如何保持重心稳定，如何如何不失重，而应该有目的地特意失重，利用失重时的体重力控制、打击对手。手的运动幅度和频率都要比身体的运动幅度和频率大，尤其是要比腰腹的运动幅度和频率大。失重，利用体重力训练的时候，力求"手小动身大动"，充分发挥腰腹作用。表象上看是双方两手接触较量，而实际上是以我粗壮之腰腹对彼细弱之双臂，以大打小，以强胜弱。

（三）用力不在大小而在是否和顺

1. 用力和顺，敢于大力大劲推习

所有武技，在对抗时无一例外地对外显示出坚刚。其中绝大多数武技，它的极坚刚主要体现在力度、速度、硬度上。太极拳术的极坚刚却有质的不同，它主要体现在制人的效果上。要得到极坚刚的制人效果有两途：一是练力、练硬使达极紧刚；二是练柔练软使达极坚刚。

"极柔软然后极坚刚"指出：太极拳术的极坚刚实由极柔软而来，极柔软是因，极坚刚是果。太极拳术的走架要求"用意不用力"，直接走向

柔软，同时帮助减轻、消除断手、散手过程因用力造成的难免的僵硬。而太极拳术的推手却要用力，通过双方配合，用力似松非松将展未展，不丢不顶百般搓揉，使用力过程变得柔软乃至极柔软。

铁是钢的物质基础，锤炼铁能使转化为钢，没有铁何来钢？力是劲的物质基础，对力进行长期锤炼能使力转化成劲，没有力何来劲？力有大小之分，因而劲有大小之别。大力者可望得大劲，小力者只能得小劲，大力比小力好，大劲比小劲强。劲大且质优，无与伦比。把力转化成劲，把劲练大，锤炼劲使成优质，是太极拳推手的任务。陈式不必说，杨式有"练就千斤力，用时四两功"之讲究，以柔化著称的吴式有"老牛劲"推习法。前人练太极拳术使这么大的力，用这么大的劲，是缘于大力比小力好，大劲比小劲强，刚中之柔是真柔的道理。

推手练习时不想、不愿、不敢大力大劲推习，是对太极拳术的误解，是消极，是懒惰，是不积极进取，于练功、长功十分有害。人的力气是有限的，年纪渐大或人过中年，劲力渐退是自然规律。我们正视自然规律，不去有所违背，也无法去违背，但服老却不认老。心衰先于身衰，心老先于身老，身体瘦弱小力，年纪大，都不是自己可以偷懒的借口。练功目的之一就是最大限度发掘人体潜能。强有强的潜能，弱有弱的潜能，活到老学到老，发挥出自己当下应有的潜能。在年轻时，在一开始学练时，在有力气时，就大力大劲推习，坚持下来，习惯成自然，至老也不会太感吃力。尽管老时的大劲还不如人家的小劲大，但尽力了。练习上的对手是自己，战胜自我即胜利。积极的上进信念，科学的练习，至少可以放慢功力衰退的脚步。

"极柔软然后极坚刚""显非力胜""耄耋能御众"等告诉人们，劲的最后归宿并非是大，而是柔软。大力、大劲都是中间过程，柔软才是终极目标。劲力的大小是有限的甚至要减退，但柔软这个劲力的质量指标却是无限的，可以一高再高无止境。劲力质量的优势可以弥补力量大小的不足，小力打大力成为可能。不单太极拳术练柔练软后可以弥补劲力减退造成的总体实力下降的不足，摔跤、柔道，甚至拳击也有类似情形。国外摔跤、柔道男选手30岁后仍搏击赛场的大有人在，此年龄劲的力量成分已出现减退，但劲的质量成分即柔软却增强。

2. 改造利用僵劲拙力

武术中常见有"僵劲拙力"之说。在武术中，所谓僵劲拙力，泛指人们在生活生产劳作中使用的力增长的力。武术中还把没有成为劲的力，也通称为僵劲拙力。针对特定的某项运动，在完成运动过程中，其用力比较经济，效率比较高，这样的力在通俗意义上常称之为劲。太极拳有太极拳的劲，少林拳有少林拳的劲，推而广之，各种不同的运动都有它特定的相应的劲。此力在此处称得上是劲，在彼处可能就是僵劲拙力。彼力在彼处称得上是劲，在此处可能就是僵劲拙力。所谓"做样生活，换样骨头"。

在很多太极拳文章中认为所谓的僵劲拙力要"舍弃""丢掉"，常见的提法是"把后天僵劲拙力丢掉"。

按对僵劲拙力的通俗理解，接触太极拳前谁都有僵劲拙力。现在学太极拳了，要把它丢掉。初学者难免会望文生义：平时生活中尽量不要用力，不许从事跟力有关的活动，力是太极拳的死敌。

我们先来看僵劲拙力该不该丢掉。太极拳者讲究"劲"，因性状、表现形式等的多样，有关劲的名称、内容五花八门，但有一点是一致的，即劲是由力转化而来。铁经千锤百炼能由脆硬转化成坚韧而成为钢，铁是材料，没有铁就没有钢。同样的道理，在太极拳中，劲是由力转化而来，力是材料，没有力就没有劲。这个力是什么呀？就是僵劲拙力。可以想见，真的"把后天僵劲拙力丢掉"了，太极拳的劲也练不成了。

再来看能不能"把后天僵劲拙力丢掉"。让太极拳高手去拉一辆陷在烂泥中的车子，他在拉车子的时候，用的是和常人无异的僵劲拙力。他如果没有僵劲拙力，就拉不出车子。用扳手旋紧或旋松螺丝，太极拳高手和常人一样，用的也不外乎僵劲拙力。练习太极拳讲究全身协调、整体用力，最忌僵劲拙力。如果让太极拳练习者进行也最讲究全身协调、整体用力，最忌僵劲拙力的投掷标枪、铅球、铁饼之类活动时，照样用的是僵劲拙力，挂在嘴边的"全身之力聚于一点，瞬间爆发"也不灵了。一文弱书生，一举重运动员，两人同时学练太极拳，假设两者其他条件均相同，则浑身"僵劲拙力"的举重运动员较之文弱书生更具技击实力是毫无悬念的。在练太极拳的同时，兼练功力训练、体能训练，则更具技击实力是毫无悬念的。功力训练、各种身体素质训练里面或多或少都有僵劲拙力的成分，就连太极断手、散手里面也不可避免地有僵劲拙力的成分。铁和钢是分不开的，力和劲也是分不开的。如果太极拳高手真的"把后天僵劲拙力丢掉"了，那么他将无法和正常人一样生活生产劳作，他将寸步难行。太极拳高手没有将僵劲拙力像丢掉某个东西一样轻松丢掉的本事，谁都没有这种本事。

僵劲拙力丢不了，也不能丢，"把后天僵劲拙力丢掉"之提法会让初学者云里雾里。该如何对待它呢？改两个字就可以了："丢掉"改为"转化"，即将"把后天僵劲拙力丢掉"改为"把后天僵劲拙力转化"。太极拳最忌使用僵劲拙力，当有第一个人提出"把后天僵劲拙力丢掉"时，第二个人第三个人就照着讲了。本意是太极拳反对使用僵劲拙力，通过太极拳系列练习，把僵劲拙力转化掉。懂太极拳者一看就明白了它的本意，初学者望文生义就要出问题。

生活生产劳作中，一切体力活儿、重体力活儿对太极拳的修炼只会带来帮助。力是材料，大力是良材，材料充足且质优，生产出来的劲才无与伦比。小力只能得小劲，大力才有可能得大劲，大柔大软才会有大力大劲。功力训练、体能训练、太极推手训练都会长力气，太极拳高手没有一个是没有力气的。放心地劳作，放心地使大力，一切科学的体能训练方法都可借鉴，放心地交叉训练。因为在太极拳训练体系里有把力转化成劲的两台"机器"：一是用意不用力的太极拳套路练习，二是配合性的用力过程不丢不顶的太极拳推手练习。有这两台把力转化成劲的"机器"，僵劲拙力多多益善，僵劲拙力是朋友不是敌人。只练推手而不习太极拳套路，是丢掉了一台化力成劲的"机器"。只练太极拳套路而不习推手，是丢掉了另一台化力成劲的"机器"。

3. 用力和顺能够保证力的作用时间长

用劲柔软乃至极柔软，为什么就会产生坚刚乃至极坚刚的效果呢？力学公式 $Ft=m(v-v_0)$ 可以说清楚这个问题。

（1） Ft 的累积效果，改变物体运动状态

要使列车从静止开始，达到某一速度，必须用机车牵引一段时间。有

两种做法均可达到这个目的：一是用牵引力较小的蒸汽机车来牵引，牵引所需的时间较长；二是用牵引力较大的电气机车来牵引，所需时间短。这表明物体运动状态的变化是和作用在物体上的力的大小及力作用的时间长短这两个因素有关。

　　太极拳推手以转动和移动对方，改变其运动状态为主要练习，为达到这个目的，类似列车运动状态改变的情形，也有两种做法：一是用大力猛推对手，推力作用时间短，对手的运动状态改变较快；二是用小力推对手，推力作用的时间较长，对手运动状态的改变慢一些。第一种做法，受年龄、体重、力气等制约。第二种做法，少受年龄、体重、力气等限制，但是，必须要具有太极拳的"粘随"劲，准准地、牢牢地粘附在对方身上，用力似松非松将展未展，以满足力的持续作用及作用时间长的要求。火箭点火，开始速度很慢，以后速度越来越快，经过一段时间最终获得极大速度，是推力持续作用、力的作用时间长的结果。太空中的宇宙飞行器在受极其细微的太阳光压力作用下，最终获得极大速度，也是推力持续作用、力的作用时间长的结果。小力的作用同样能使物体运动速度达很大的效果，这有它的力学根据。在力学上 $Ft=m(v-v_0)$ 的式子，用在推手里，可理解为：F 为甲施与乙的恒力；t 为 F 的作用时间；m 为乙的质量，是定值；v 为乙受力作用后，最后身体的运动速度；v_0 为乙受力作用前身体的运动速度。$(v-v_0)$ 为乙受甲力作用前、后的速度变化量，该量越大，乙运动状态改变越多，对乙的稳定越不利。乙的质量 m 是不会变的，为使 $(v-v_0)$ 大，可使 Ft 大。增大 Ft 有三种途径：可仅增大 F；可仅延长 t；也可 F、t 两者同时增大。虽然 F、t 同时增大最省事，然而太极拳推手训练时却更偏爱走延长 t 之路，这就要求太极拳推手练习者把用于求力气的那部分精力转移到求延长力的作用时间的努力上。力气小一倍，力作用时间延长一倍，效果一样！一个人苦苦练习能增大几倍力气？况且中年之后，力气只会变小不会变大，此途无法走得太久。而力作用时间的延长，会随练功的深入、年龄的增长永远持续不断，此途可以走得很远很久。这就是为什么太极拳推手老当益壮，耄耋仍能御众的力学道理之一。怎样才能有效增大 t 呢？

(2) 增大 t 的途径

t 的增大，全在于"极柔软"的操作。只有具备极柔软才可能无孔不入，紧紧地贴附在对方的身上持续用力。力气虽不大，沉肩坠肘，有时臂重之力足矣，然 t 成倍增大，人还受得了？此即由极柔软而后得的极坚刚。僵硬凭力气较绝对，难能灵活连随，无法做到贴附在对方身上持续"跟踪"用力。松柔是太极拳的生命，名符其实，穷毕生求松柔不会错。

一个成功的发放，人如弹丸弹崩而出，干脆利索，似作用时间极短，其实不然。发劲最讲究"透"字，透就是意味深长，人被放出，余意仍未尽呢。发放要用长劲，发前是拿，发时仍有拿仍有控制，力的作用时间很是不短的。如此，Ft 就相当可观了，人被腾空抛掷，情理之中。透过"极坚刚"的抛掷现象，可以看到"极柔软"的粘连黏随不丢不顶这个太极拳的真面目。

(3) Ft 产生效应的条件

用了力，并且力作用了一段较长时间，力 F 和作用时间 t 的乘积一定会产生运动效果吗？就是说物体一定会被推动吗？回答是否定的。举个例子，用力推墙，尽管用了力，并且推了好长一段时间，墙仍纹丝不动。这个过程有力 F，也有力的作用时间 t，Ft 却不能产生运动效应。这个简单的例子告诉我们，推手忌顶牛，人家力气比你大，这时千万不要误以为延长顶牛时间就可以把人推动。要把人推走有个诀窍，即乘势，乘对方的运动趋势加力。要抛掷人应视人有后退之预动或周身不得劲之时，此时加力，力和力作用时间的累积才起作用。太极拳讲不顶，讲得机得势，为的就是让力和力作用时间的累积起作用。在用 $Ft=m(v-v_0)$ 讨论推手中的有关问题时，我们都约定是乘势，即假定 v 和 v_0 同方向。人朝我冲，我捋引；人退我掤送；人左旋右转，我捯随。舍己从人，随曲就伸，不丢不顶，让 Ft 起作用。

用 $Ft=m(v-v_0)$ 来讨论推手的力学过程，严格说来，几乎无一处说得通。如，v 为人身体运动速度，人体各部运动速度是不相等的，指哪一部分？讨论时，我们只能把人体理想化为一个质点来处理。又如，公式中的 F 应为恒力，为合外力。人除受对方施加的力，还受本身在运动中蹬地产生的反作用力,这个力在讨论中未给予考虑。用力偶、力矩、杠杆、碰撞、惯性等物理原理指导推手的力学分析时,我们都是将人体理想化为刚体或弹性体等物理模型来处理。讨论比较"模糊",使道理明白一些,过于"清楚"讨论就复杂了。

(4) 力大者,从轻、和顺入手

从举重、练外功拳转为习练太极拳者,在推手划圈时大多僵、硬、不和顺。对这一类型,我们要求:划圈时手上毫不用力,好像与空气推,肩、肘打开,幅度大,动作做顺,不受刺激。待用力柔软和顺后,再逐渐加力加重。加力加重后,又会不知不觉变僵变硬,这时的僵、硬不同原先的僵、硬,多了韧。对柔弱少力者,由于他们较容易做到用力和顺,我们要求:划圈熟后,用力,经常提醒要用出力量来划圈。吴式太极拳推手里的"老牛劲",就是指在圈划熟,用力和顺后,适当增加力量。在双方用力和顺的前提下,有力尽管用,越大越好。接触的是手,用力却是全身,不是全身协调用力,不可能会有和顺。所用的大力不是爆发力,是类似汽车底盘防震钢板压下、托起的力,是腰腿、手竭尽全力。如果用力不和顺、别扭,那就错了,那是拙力,至少有一个关节出了问题,要马上轻下来,重新找感觉。待重新找回感觉后再用大力,直至竭尽全力。大力大劲推习会引起短时间酸痛,不同的对练伙伴,不同的时期,人体的酸痛程度酸痛部位会不同。总有某一部位首先酸痛不可耐,常见首先是肩关节,其次是腰部或小腿肚或足弓。一个部位受不住,就无法坚持,短暂休息,继续练习。

(5) 拿人练力更易和顺更有灵性

借助器械练力量训练腰腹肌肉,只能得一般性、基础性力量,这和举重训练一样,虽力大却不能用于实战。一般性、基础性力量与实战中需要的专项性力量有本质的不同。力量大,其发拳的力量和发腿的力量并不一定大,做某一动作时不一定能发挥出该动的窍要,因为这个力量仅仅是基础性力量。它要经过专项运动,把这种力量转化一下才能用于实战。竭尽全力推手,把基础性力量训练和专项力量训练合在一起了,虽痛苦但却不失用力淋漓尽致,痛并快乐着。借助器械可以练力量,竭尽全力推手是拿人来练力量,显然,这两种练力量的方法,后者更符合拳

53

术要求，更有灵性更灵动，是名符其实的寓力量训练和功力训练于推手之中。配对练习的时候，双方力量不能悬殊，壮跟壮，老跟老，少跟少，弱跟弱。壮与弱推的时候，壮者要照顾到弱者的承受能力，让弱者尽兴尽力最好。在双方用力和顺的前提下，在劲力精微细巧的前提下，也可用意不用力，这个难度更高，一般都是老师与达到一定水平的学生推习。用意不用力推习，有别样的滋味，用劲类似圆珠笔里面的细弱弹簧，小小的力就会发生形变。它与竭尽全力推习不一样的是，接触力微之又微，紧密程度更高，大脑容易发生缺氧，常伴有头晕，莫名的难受。一样的是，弹性十足，酸不可耐，每次也只能坚持半分钟左右。用意不用力推手，因容易发生大脑缺氧现象，接触力又微之又微，全身高度灵动，一气呵成，故有比较形象的"气推"之说。气推不是用气推，是实实在在的力学行为和人体生理现象。散手时，忽隐忽现，隐时是用意不用力，劲断意不断，现时常是竭尽全力。练就千斤力，用时四两功，是太极拳术练用的实际情形。

（6）推手较之套路对和顺力之体验更真切

练太极拳套路的时候，在意识配合下，找如身在水中、在空气中、有阻力的感觉，意在把身体的运动做得柔和绵软连贯起来。推手练习不用去找如身在水中、在空气中、有阻力的感觉，不用带着这些意识，搭上手，真真切切如陷泥潭，每动都遇泥潭阻滞、艰难跋涉的过程便出现。推手较之套路对和顺力的体验更真切。"心知先于身知，身知胜于心知"，千千万万个心知，最终都落实、体现到一个身知上。从技击考量，注意力多在身体运动上，多在身知上，多在身体如何不用力用自然力上，多在寻求不用力用自然力的练习方法上。空谈心意气血误事，于事无补。

（四）主动弹出练习

推手不能进行对抗比赛，但可以进行表演。可以表演出丝丝入扣的粘连黏随不丢不顶，可以表演出"召之即来，挥之即去"的神奇。这样的表演，老师的水平要高，学生的水平同样要高。天下第一高手无法与不懂推手的人表演，无法与水平不高的推手者表演，也无法与水平很高，但没有经过配合演练的人表演。太极拳推手表演是"师生间的游戏"。表演时，学生上下连贯，周身形成整劲，主动"送上门"让老师的劲力直贯足底，被绵绵弹出。不过，这种"送上门""主动反弹而出"的本领不是为了表演而准备，它本来就是平时的一种练习，也可以说是一种功夫。表演只是平时练习的夸张而已。这种在老师的手里"召之即来，挥之即去"主动反弹、丝丝入扣的粘连黏随不丢不顶的练习，有什么功用呢？

1. 身手反弹调节距离

实战搏击，掌控距离这一方，要速度有速度，要力量有力量，可以有力打无力，快打慢。散手、拳击、摔跤等对抗，全都是掌控了距离就掌控了比赛。掌控、调节彼此间的距离，不都是靠进身来完成的，很多时候是通过退身来完成的。推手对抗时的退身往往是通过身手向后反弹来完成的。虽身手向后反弹，但仍保持肢体接触，保持对对手的劲力控制。身手向后反弹，腾出一个空间，使自己处于最佳的发力状态。从走弧线瞬间改变角度，或进身或退身腾出空间调节距离，再发力，一气呵成，时间极为短暂。腾出的空间有大有小，小的时候，外观看不出。

2. 身手反弹跳出圈外

散手、拳击，当我处于危险时，为避免遭重力击打，往往要跳出圈子。推手对抗也有类似的情况，处于危险之时，如不及时整体退出，会被打倒或被反关节擒拿。推手对抗的退出不同于散手、拳击的退出，它的退出是身手反弹。向对方施一恰到好处的爆发力，借助反作用力，把自身弹出离开对手。绝大多数情况，反弹时仍保持肢体接触。反弹用的是慢中快的惰性力，既安全地稳稳地弹出己身，又破坏、阻滞对方下一步动作，是破坏性、压迫性防守，是攻守寓一的侵略性防守，是以退为进。

3. 身手反弹把体重赖在对方身上

推手对抗，双方势均力敌之时，一时半会儿难分伯仲。这时消耗对方体能，累其臂膀，挫其锐气，不失为一种好的选择。掌握好身手反弹的幅度和技巧，利用身手反弹形成的缓冲作用，配合失重或体重的似失非失，或手进身退，或身进手退，或身手俱进，或身手俱退，紧附于对方身体上，如同蝉伏于树，令甩不脱蜕不掉，负重拼搏。失重或体重似失非失，把体重往对方身上赖，整体赖在对方身上，体重越大威力越大。体重牢牢地压在对方的身上，给对方一个既如"千斤坠"般的强有力压迫，又留有余地不压死，似松非松将展未展，令食之无味弃之可惜。利用身手反弹和体重力，可以省下许多力气，增加几分胜算。

身手反弹的对抗效果是"极坚刚"，而实施者的内在劲力却要求是"极柔软"，精微细巧。师徒之间，一个喂劲一个吃劲，从能吃一点点到全吃，两个人的劲力就步调一致合二为一了。师父力大，徒弟力亦大，可大至竭尽全力；师父力小，徒弟力亦小，可小至用意不用力。师父一挥手一放手，徒弟就乖乖顺着手挥方向跌去，直至在地上打滚儿。一般练习，师父不放手，只有在推手表演的时候，偶尔放几下。"召之即来，挥之即去"的神奇只是在师徒间有效。如果师父一直都在封闭的圈子里只跟自己的学生推手，就有可能被学生宠坏惯坏，误以为自己的"召之即来，挥之即去"对所有的人都有效。

（五）足下无根，其病在上

推手站立不稳，容易被打动，常被批评为足下无根下盘功夫差。为使足下有根，常建议多站桩、深蹲，增加下盘力量。虽然任何一种增加腿部力量的运动，对提高下盘功夫都有帮助，但在推手两力相触的特定情况下，下盘力量的大小并不是站立稳不稳的主要因素。推手练习有年的老者，与不懂推手的年轻力壮者推手，前者可以做到稳如泰山，后者却可能东倒西歪站不住。论力量，不管是上肢、下肢，还是全身，都是后者大。力量大却无济于事，稳不稳主要不在腿部的力量大小上。

影响一个物体的稳定性有两个因素：一是支撑面的大小，支撑面越大越稳；二是重心的高低，重心越接近支撑面越稳。人体的重心大约在肚脐的后面，身体的中心处。重心位置会改变，比如，手、脚做不对称的伸缩运动，重心的位置就变了。相同的体型，相同的身体姿势，重心的高低却相同。不管你如何"运气"，如何运用"内功"，如何"气沉丹田"，如何"植入大地"，人体的重心都不会下降。因此，推手者站得稳，并不是因为重心比人低、支撑面比人大。

太极拳者重心不比人低，支撑面不比人大，推手的时候为什么却能"足下生根"呢？

人体重心竖线超出支撑面会失去平衡，支撑面由两足构成。推手双方两力相触，四足落地，支撑面由四足构成，对手的两足可以为我所用。比如，利用体重力，身体前倾，向对手施以有向下分力之力，这个时候，即便是自身的重心竖线超出由自身两足构成的支撑面，但只要不超出四足构成的支撑面也不会失去平衡。比如，利用体重力，身体重心后移或身体后撑，向对手施以有向上分力之力，即使重心竖线超出由自身两足构成的支撑面，因有对方体重力压着，也不会失去平衡。被人抱起双脚离地，如果粘贴得好，任由下面的人给撑着扛着抬着，也不会失去平衡。只要手上听劲灵敏，随曲就伸，各关节不出硬点和软点，足下无根漂起也不会失去平衡。他种武技与太极拳者推手，确是太极拳者稳固、稳定。如果换成散手对搏，所谓的稳固、稳定都不见了，稳固、稳定就挨打。散手者，掌控彼此之间的距离为至要，谁掌控了距离谁就能有效发力，就能掌握主动。距离掌控，关键在灵活快速地移动，不在稳固，所谓风中旗，浪中鱼。跑步、跳绳、深蹲，主要目的和作用是能够快速移动，进如流水寻缝，退如风吹鹅毛，不是为了足下生根、下盘稳固。散手搏击，灵活移动较之"足下生根"更有意义。

郝为真先生说："练太极拳有三层之意思。初层练习，身体如在水中，两足踏地，周身与手足动作如有水之阻力。第二层练习，身体手足动作如在水中，而两足已浮起不着地，如长泅者浮游其间皆自如也。第三层练习，身体愈轻灵，两足如在水面上行，到此时之景况，心中战战兢兢，如临深渊，如履薄冰，心中不敢有一毫放肆之意，神气稍微一散乱，即恐身体沉下也。"太极拳者无须足下生根，显而易见。

下盘不稳，主要问题不在脚，不在腿部力量，不在有无作如树根植入地下或两足抓地之存想，不在站桩有无，不在太极拳套路练习多寡，主要是在作为"先头兵"的手上。"下病上治"，把气力化在推手上，化在劲力柔软连贯上，化在不丢不顶粘连黏随上。手上没有听力，受到外力刺激时，腰来腿不来，各唱各调，与硬物直立地上一碰就倒无异。手上有听力，受到外力时全身上下不硬不软，贯通一气，自会有扎实的脚踏实地之感，自足至手有弹性能缓冲。

（六）练习方法的多样

走架用意不用力，意的内容随练习的深入，会自觉或不自觉地变换、反复。例如：初练意的内容主要是刻意动作准确，过些时日，意的内容主要是动作的连贯。不惜时日的早晚走架，意的内容转到勿使有缺陷，勿使有凸凹，勿使有断续等高层次上。原已着意过的内容会再回来，再回去，来去反复，一次比一次质量提高。推手训练中也存在类似走架的意的内容变换、反复的情形，推手的方式方法也时常变换、反复。方法与着法不同，太极拳功夫重视和讲究练习方法的正确与否，轻视着法的讲究。推手方法的经常变动，一是指不知不觉，自然而然地渐变，二是指人为的、有目的地变。后者之变有两种情况：一是老师根据学生的实际情形指导学生变；二是学生根据自己的训练情况灵活变动推法。

太极拳推手在保证粘连黏随不丢不顶的前提下，有许多的推习方法。有刻刻留心在腰间，侧重腰腹鼓荡的练习法；有专门控制关节，侧重截劲借力的练习法；有控制手之前节，侧重打前节而振全身的练习法；有尽量用己手之前节与人粘贴接触，侧重练手之前节掤劲的练习法；有刻意吞吸引领，擎起彼身，侧重擎、引、松、放功夫的练习法；有躯体贴触在一起，侧重躯体听化拿发功夫的练习法；有故意腾出一手或双手，仅凭躯体粘贴，侧重身劲的练习法；有步子不动，前俯后仰，左右歪斜，侧重俯仰伸缩功夫的练习法；有利用自身体重、臂重推手的练习法；有松推划圈，以期"身手分离""大小臂分离"，最大程度地节节松开练习法；有抵触作用力又大又韧又顺，如揉面团，实实在在的劲推练习法；有抵触作用力微乎其微，轻灵圆活，如云海翻腾勿有间隙的气推练习法；等等。

每次时间为1小时的训练，如果方法单一不变，会因单调乏味而影响训练质量。可以在训练的开始，先采用"刻刻留心在腰间"，侧重腰腹鼓荡的练习法，继而采用"尽量用手之前节与人接触，侧重练手之掤劲"的练习法，把全身活动开，精神提上来。精神提上来了，身体灵活了，就可以练高难些的，用意强些的。如"刻意擎、引、松、放"的练习法，"虚虚将人笼住，使不得动"的练习法等。强意念的练习法，容易引起精神疲倦，再调节一下。再改练"步子不动，侧重俯仰伸缩功夫"的练习法，重肌体锤炼，减少精神耗散。平时训练，总的原则是：精力旺盛、兴趣浓时，多采用重意念的练习法；体力充沛、浑身是劲时，多采用耗体力的练习法；体力不佳，有倦意时，就采用极柔软的，每动刻意体察弹性的练习法。劲推练习难免有迟重之弊，需要借助气推、松推练习矫正、消除。气推练习难免有空虚不实之弊，需要借助劲推充实。松推、劲推、气推，打乱穿插着练习，相得益彰。推手伙伴多，最有味，虽同师，仍是一人一个样，都有自己的特点。与你推，我用甲法最见效，与他推，我用乙法最得心应手。人越多，可供选练的方法也越丰富多彩，练习质量高，推来兴趣盎然，运动量不大自大，功夫上得快。推手伙伴杂，增长见识，自有好处。老搭挡间知己知彼，敌情观念不强，影响实战能力的提高。来了一个摔跤的，一个擒拿的，一个柔道的，绊、抓、掐都来，这就大意不得了，要认真对待。以绊对绊，以抓对抓，以掐对掐是可以的，但这是人家的长处，你的短处，赢不了。你仍运用粘连黏随的太极功夫，一出手就知道对方的意图，破坏和利用他的意图转为我所用。他们是动作快，你是劲路反应快，他打他的，你打你的。推手只有一个伙伴，老是一个调子，很快就乏味厌推了，运动量大不起来，要变他几回，调调情绪。与女同志推也有好处，她们纤弱少力，天生绵软，通过搭手会检查出我们的极柔软功夫到底如何了。与女同志推只能手手相贴触，要打在手上使她失去平衡，难度不少。在她失去平衡时要控制不让跌出，也只能通过粘贴手来完成，你的劲不准，不细，不恰到好处不行。

初学推手，只能一个方法一个方法地掌握。一个方法就跟一个人学，待掌握至一定程度，基本定型后，再与别的人推。初学推手贵在方法纯一，不在杂多。纯一易于掌握和定型，循序渐进。杂多无所适从，各种方法难以真正落实。学会一种方法后，师傅会知道该教另一种方法。什么方法？靠自己摸索要走许多歪路，甚至终身不入门。太极功夫不尚力，它的极坚刚是由极柔软后才获得，与其他绝大多数技击术不同，很难无师自通。可以毫不夸张地说，"入门引路须口授"。掌握了众多方法入门之后，"功夫无息法自修"，自己悟，不放过任何一次偶然出现的、稍纵即逝的成功之推。回忆、重演这次成功之推，一个时期专习这个成功之法。有条件的还要从力学上找出它的成功之由，使理论联系实际，又反过来指导完善这个成功之推。方法越积越多，越练越纯熟，竟分不出是哪一种方法，又哪一种方法都在，说有即有，说无即无。最后，阶及神明，"无法"可说。

四、对抗

（一）以小搏大的七种常用方法

肢体紧密接触，力相互作用时间长的运动，如摔跤、柔道、推手，体重因素于胜负作用很大。在太极拳推手练习中，体轻细弱者要推动体重力大者，要摔倒体重力大者，都是很困难的事情。面对困难，逃跑是不行的，逃跑就是犯了丢。知其不可而为之，是武者应该具有的心气。面对体重力大者，不能硬碰，越是硬碰，败得越快输得越惨。也不要心存侥幸盲目进攻，因为进攻之刹那间，必是全力以赴，很绝对，如离弦之箭无法变化。如果进攻无效，败局难改。体轻细弱者自有其长处，体重力大者自有其短处。发挥自己的长处，采取相应的措施，不求胜人，而人不能胜之是有可能实现的。体轻细弱者小巧玲珑，穿插游走相对身高力大者要方便要快。要充分运用穿插游走方便、动作快捷之长，通过灵活的进退，时而远离，时而近身，掌控最有利的距离，运用最有针对性的办法与之周旋。

1. 以大对小

以我（弱方，着深色衣服）之前臂对彼（强方，着浅色衣服）之腕节，以我之上臂对彼之前臂（图23、图23附图）；以我之身躯对彼之手臂（图24）。

图 23

图 23 附图

图 24

彼（强方）粗壮有力，远强于我（弱方），如果，以我细弱之前臂或掌按扶彼强壮之上臂，既抵挡不了，又难以撼动。可以采取以大对小的办法，即：前臂强于腕节，就以我的前臂对彼之腕节；上臂强于前臂，就以我的上臂对彼之前臂；身躯强于手臂，就以我的身躯对彼之手臂。处处时时都能够做到以大对小，体重力大者的优势就会被削弱。对方即使不强，也可用以大对小轻松取胜。

2. 以身对滑

身躯面积大，以我（弱方，着深色衣服）之身躯堵截滑闪乱动彼（强方，着浅色衣服）之手。（图25）

图25

彼（强方）年轻气盛，身手敏捷，动作灵活、滑闪，这种情况下，想用手跟上对方的手，粘黏对方的手，很难。对这种没有威胁没有攻击性的乱动，一厢情愿地试图与之连随毫无意义。可以以乱对乱，以快对快，以手对手，滑闪，但这种处理是进入了对方的节奏，打乱了自己的节奏，双方都无有效的攻击力。可以大胆贴身，步步紧逼，用身躯压迫堵截其乱动快动的双手，身躯面积大，对方两只手会被我的身体黏住脱不开，跑不了。而我则能腾出双手，多出一双手，增加胜算。

3. 抢占内圈

把彼（强方，着浅色衣服）之两手晾在我（弱方，着深色衣服）身手之外。（图26）

图26

如果被体重力大者抢了内圈，把你的手晾在外面，细弱的身躯完全在他的掌控下，那么，你就只有任人宰割的份了。通过灵活的移步、滑化，争取不让彼之手穿插进来搂抱住身躯。万一被搂抱，在尚未被抱实之时，运用身劲反弹退身走化，务必不让抱实。抢得内圈者，身形是紧凑、内敛，力量集中。处外圈者，身形是展开、散漫，力量分散。抢占了内圈就主动安全得多，进身退身都要抢占内圈。在体重力大者面前，处外圈固然是危险，抢占到内圈也不见得就没有危险。感觉到危险，就要及时退出，没有十分把握不要试图摔、推对手，这一点很要紧。体重力量相差悬殊，弱小者发动实质性进攻是十分危险的。弱者面对强者在退身时，被动地退会被冲倒，要积极主动地退。怎样才能积极主动地退呢？往后退身时，身退手不退，手向前掤住劲，引诱对方加速前冲，造成对方身快脚慢，脚下打漂不得劲，劲精微细巧者能让前冲者如临深渊。身退手不退，是形式上的"后中寓前"。手向前掤住劲，引诱对方加速前冲，造成对方身快脚慢，脚下打漂不得劲，是劲力上的"后中寓前"。不是一味后退，当对手出现呆滞时，向前进身。向前进身，身进手进，逼迫引诱对方出力前冲。

进身时要有"前中寓后"的存想，不能真冲，真冲很危险，进身的目的是刺激对方用力，一旦出现对方出力前冲，随即退身将其吞吸拔高架空。进身、退身都存有"前中寓后，后中寓前"的意念，劲力上的"前中寓后，后中寓前"是很高级的引进操作。没有这种意念准备，遭遇对方前冲进逼就会走不及走不了，这不是纯粹动作快慢的问题。为什么说劲力上的"前中寓后，后中寓前"是很高级的引进操作，本书下面的"引进"一文将再做详细分析。

4. 推断结合

小推大推不动，小摔大也不容易，改为击打有时还能凑效。有效的击打其关键是距离，远了打不到，近了使不上劲。体重越大，肌肉绝对力越大，相对力反见减少。体重轻，尽管肌肉力较小，却能以较大的加速度产生动作和自体位移。体重力大者相对移动不便，小巧玲珑者移动快便。要充分利用这一优势，在距离上做文章，把握控制彼此间的距离。在彼出现呆滞之际，在我处出拳最有力之际，双掌轻快地鞭打甩出，至目标时，改掌为拳。用拳面击胸部腹部没有杀伤力，或杀伤力不大，要用拳钉、指关节来击打。用拳钉或指关节能产生较大压强，击打部位选在胃、两肋，击打要出其不意，这样会比较有效地破坏、阻止对方的进攻。如对方也用击打，那么，在彼进攻时，由于实力悬殊，你不可能组织起有效的进攻，你只有防守的份，防守是你唯一的选择。你掌控了彼此间的距离，又死死缠住不放，对方的进攻就像程咬金的三板斧。他弄完了，你接着来。

5. 诱彼发力

硬顶硬抗，力量大者胜，但一味防守也是防不住的，可在消耗彼体能上做文章。消耗体能与钓大鱼过程极为相似。大鱼上钩，硬拉硬提会断线、断杆，鱼走，线放，走多少放多长，始终维持似松非松将展未展状态，鱼儿累了不动了，想休息一下了，拽紧线拉它走，让它始终处于用力挣扎状态。再走，再放，再不动，再拽紧，待其精疲力竭，从容擒获。双手大胆迎伸大胆接触，利用身轻移动快捷的优势，时而逼近时而离开，运用破坏性压迫性防守，与来力抵紧贴实，迎合彼力，加上体重，将体重赖在对方身上，身体随彼力而动，如风中旗浪中鱼，彼每用力，都让其感到有东西，让其产生要把这个东西扔出去的念头。引诱对方产生扔的念头，扔多少退多少，不多不少刚好。把握得好，甚至可以双脚离地把体重全部加上去任彼扔，力一过，东西还在。再扔，再退，东西还在没丢。紧紧地黏住对方，让其食之无味，弃之可惜。散手比赛，摔跤得分甚至得高分，但为此付出的体能代价却是很大的。推手诱彼发力，其情形也差不多，不同的是，消耗了体能却摔不出去，比摔跤更吃力。摔跤在咬住劲的不长的一段时间里十分吃力，双方脱开来时，有喘息的时间。推手双方始终黏在一起用劲，发力一方总是成功一半失败一半，成功一半是能把对手推走推动，失败一半却是不能把对方推倒推败。发力方始终"负重拼搏"，用力不畅不爽，呼吸紊乱，有力无气，很是无奈。

6. 以静制动

以静制动通常是由功夫高的一方运用，功夫低的因处于被动被控制的地位，很难运用以静制动。有动，才可言制动。不动，要会调动，具有了调动的能力，才能运用以静制动。推手双方都神情高度紧张地虚搭着手，你等我，我看你，你不动，我也不动，都不试着去调动，一厢情愿守株待兔，待到猴年马月也解决不了问题。再则，若是生死对搏，不会出现这种现象，这是练功的误区。功夫高的一方要主动挑起"事端"，有责任去营造既严肃又活泼的推手场景。

手臂好像荡挂在肩上毫不着力，动起来零零落落，和腰腿没有联系，没有牵连，没有能够牵一发而动全身，这是很严重的松懈表现。这种推法只能算是为推而推，很难用于散手。散手是打、摔、推等结合，以打摔为主，太极拳也主要凭打摔解决问题。打、摔、搂、挂、钩、挫等运用都是凭借腰腿劲才能发挥其威力，没有腰腿劲的参与，充其量是一手之功而已，打不了人。这样推习的人大都没有确立推手是为散手做准备的认识，还误以为这样的推习是松柔的表现和练习松柔的方法。一般功夫的与这类对手推手会觉得很别扭，别扭在哪里呢？推手一般都是手和手的接触，对方的手臂好像一根线荡挂在身上，你在这根线上拨来拨去，比较难牵动对方的腰腿，不能牵动就意味着劳而无功。碰到这类对手，可快速发力荡动其臂，硬是将他的腰与臂连起来，然后再以静制动。如效果不明显，可改为向其臂发力使臂碰撞其胸、腹部位以引起其腰腿发硬，也可脱手直触对方身体刺激其发硬。有的人已练了几十年，手上毫不着力，只在他的手上发力仍很难见效，直触其身体若体重相当也难有显效，遇到这样的对手可用摔、打。因为只有手上功夫而没有身上功夫的，用击打和快摔冲他几下就会使他全身发硬乱动无措，调动起来后，就可以从容地以静制动了。"调动"都只用小力而不用大力，只用寸劲而少用长劲，因为只是"激发"而已。

对于力大耐力强猛冲猛撞者，也以静制动待之，其间也不失"调动"之过程。来势凶猛者速度快力量大，连环进击，如稍有不慎抵触大了些，就很有可能在短时间内被其所伤，以致丧失反击机会。在势头上，先不必"防守反击"，不要有强烈的反击念头，应缓其势，只搞破坏，实施压迫性侵略性防守，破坏他的身法，使进击不能产生预期效果。进攻是很费力的，当对方气力不济，势头减弱时，除了继续搞破坏要再加"调动"。"调动"的目的是使他不得不动，停不下来，没有喘息的机会，继而使其身法散乱动作变形，身不由己。这时他便会由进攻转入"乱动"，我则由防守转入间接反击。乱动与进攻几乎一样，都很费力，体能消耗也大。再接下来，他乱动的力气没有了，懒得动了。我则以逸待劳转入直接反击。在实施这一以弱胜强、以静制动的整个御敌过程中，遵循着"敌进我退，敌疲我扰"的原则。"敌进"时，敌方要消耗大量的体能，"敌疲"时，我趁机扰敌，要他继续消耗大量体能，直至散乱。自交手起就要调动对方的"积极性"，使其全力以赴。如果不具备令对手始终处于大运动量状态的调动能力，以静制动就很难在这类对手身上取得满意的效果。

步步为营，稳扎稳打全身有力者，不妄动，小心谨慎，因其小动，又以静待之，往往很难调动。调不动就难以静制动。比较有效的办法是近身大面积黏贴接触和以己之粗壮对彼之细弱。近身接触用己上臂对彼前臂，以己之强对彼之弱。同时，将己体重通过绵软的手臂、躯体恰到好处地压放在彼的细弱部位。利用己之体重一是借力，借地之吸引力，二是"欲取先与"的诱动。体重压放在对方身上，给他一个错觉："我已全部置于敌手。"诱其先动，我再以静制动。利用体重加于彼，我省力彼费力，可连续持久地刺激对方，使其疲惫而被拖垮。对这种对手用推、摔比较难见效，因为他稳，不易借力，不易调动。但是由于这类推法者用力平均，平均对待矛盾，看似处处有备，实则反而成了处处无备，散手时很容易被击中。可以说，这种推法者也是为推而推者，鲜有不败的。

以静制动不是守株待兔。静是主宰和根本，是内固精神，外示安逸，是内动不令人知。人用力，我随之，随是静的体现。随中破坏对方的企图和诱其按我设想而动，此为制动。人动我静，运用不丢不顶粘连黏随悄悄地改变对方的态势。人静我动，激发、刺激令动，静而观之。静是顺势顺劲施以隐态的控制。动是引诱、激发，施以显态控制。时隐时显，动静交替，达到全盘控制。静是相对的，动是绝对的。以静制动实质是以动制动，以主动制被动，以小动制大动，彼微动，己先动，行积极调动之能事。一搭手便积极进取，彼会动最好，不会动就努力摇动，推得活活泼泼充满生机和变化。在推手练习里，粘连黏随不丢不顶，你中有我，我中有你谓之"团结"。神内敛、气鼓荡，劲路激烈竞争谓之"紧张"。推手不流于表面形式，不仅仅在手上，要推到腰腿上，要真推，一切推法立足散手谓之"严肃"。似松非松将展未展的弹性在外形上也要有充分表现，他不动，调他动，劲路互控过程不可有丝毫的停顿，谓之"活泼"。"团结，紧张，严肃，活泼"是伟人毛泽东主席说的，同样适合推手较技。作为练习，对方不动，我仍要坚持动，即使自己因动而失势也比不动呆等的练习效果好。

7. 多找梢节，少触根节

在太极拳推手里面有一个"高手拿梢，平手拿根"的说法，意思是，高手能够通过接触对方前臂前节近腕处或手指、手掌达到控制打击对方的目的，一般水平往往是通过接触对方肘部、上臂、近肩处或身体才可能达到打击对方的目的。推手对抗，拍击对方前臂前端，会被拍得跳起来，如果直接用同样大的力拍击身体，几乎没有效果。要把一个站立不动的人推动或移走，直接推触对方的身体用力，要比拉手或推手容易，因为手会发生甩荡，力不会传到身上。高手拿梢，平手拿根，多找梢节，少触根节，适合在对抗中运用。

体重大者、强壮者，他们上臂粗壮，力量很大，一旦被其上臂贴触裹挟，凶多吉少。面对这一类对手，要拉开距离，尽量用己之前节贴触对手前节。运用灵活的步法，找梢节串僵中节锁死根节，把彼之劲从肩或肘或腕关节处截断，不让他的腰腿之力上行发出，不让他的上臂发挥作用，不让他的身体靠近。也可不把对方的劲力从肩或肘或腕关节处截断，而是把对方全身各关节串僵连起来，近似一根硬棒。手提哑铃垂于身侧与手握哑铃侧平举或前平举，感觉完全不一样，前者省力后者费力。如果手之前节受刺激引起全身发硬，且被引出引长，就会出现类似上面手握哑铃侧平举或前平举的情况，特费力且站立不稳。在贴触对方手之前节的时候，要有令对方身体发硬、诱手伸出远离身体的用意。对方手远离身体，身体发硬，前节腕部受力，这种情况下对方类似这样的一根杠杆：足为支点，腰腹部为体重力作用点，腕部为外力作用点，身体重力为一力源，腕部受到的外力为另一力源。显然，于我来说，是一根省力杠杆，于对方来说是一根费力杠杆，我省力对方费力。

　　对方用手掌推我身躯，身躯接触部位不要化不要走，贴紧抵实，作劲于对方最薄弱的手指，折掰对手的一根或数根手指。手指不可能抵得住身躯之力。对手张开手掌抓握我的手臂，手臂的接触部位不要化不要走，贴紧抵实，作劲于对方最薄弱的手指，折掰对手的一根或数根手指。同样，手指不可能抵得住手臂之力。用手抓握高手的手臂很危险，用手掌推按高手的胸部或身躯很危险。这是用身躯来拿梢。

　　以大对小，抢占内圈，推断结合，以身对滑，诱彼发力，以静制动，多找梢节少触根节，此七种方法，在运用时不是孤立分开的，常常是几个法子合起来同时发挥作用。法子灵不灵，不在招着，不在动作，关键在劲力柔不柔，黏性强不强，越柔越有黏性越有威力。

（二）推手"力大""速度快"的操作

　　推手练习，当对手要发力时，走个弧线他就发不出大力或者没法发力，什么原因呢？彼此间的距离发生了改变！在平时的劳作、生活中，凡需要拖动、搬运重物时，都是先拉开架子，调整站位，调整身形，摆正位子，目的是让重物与身体之间有一个最能用出力，又最不容易造成腰腿损伤的距离。没有习武经历或虽习武而没有过对抗练习者，有时用手推人，反把自己推走，用脚踢人，反把自己踢倒。我们平时不经意间推一个离自己很近的人，常会是被推者纹丝不动，自己反而被推动。这都是目的物与身体之间的距离不恰当造成的。平时练习发力、单操，虎虎生风威猛异常，用力顺畅淋漓尽致，那是因为发力时肢体有充分的由曲转直的过程，由足而腿而腰而肩而肘而腕充分舒展释放弹力。实战时，拳打半势，对手截你的拳腿于半道，或因双方身体间距离的瞬间变化，不让你有由曲转直的机会，有力使不上。当对方要发力时，走个弧线，改变彼此间的距离，改变对方身、手、腰、腿之间的距离，破坏他的间架，使他拉不开架子，摆不正位子，把发力消灭在萌芽之中。彼此间的距离，自身间架只要有些许的变化，马上就有可能由不得力转为得力或由得力转为不得力。练武术有年却没有进行散手练习者，打不过街头小混混是司空见惯的，实战时感觉用不出力来是很正常的，因为他没有距离感，练和实际应用是两层皮。谁掌控了彼此间的距离，谁的发力就顺畅，另一方就处处不得力。

　　当对手要发力时，除了改变彼此间的距离可以使对手发不出大力之外，还可以走个弧线改变角度，使对手发不出大力或者没法发力。平时生活、劳作中，提拿搬运，不但需要摆正位子，还要顺手顺势，没有人会弯扭着身子，反背着双手去提拿搬运，背手背面用不出大力，掌控不了劳作过程。人被擒拿，擒拿者很轻松，被擒拿者根本用不上力，这是被反关节造成背面背势的缘故。推手也是如此。当对手要发力时，走个弧线，改变角度，使他由顺变逆变背。如此，对手将无力可施，不但掌控不了我方，连自身也掌控不了。

　　走个弧线，改变距离或角度，对手便使不上力。使不上力，就快不了，他不能快，我就能快。他使不上力，我能使上力，我的力就大。如此，我既快又有力，有力打无力，手快打手慢。太极拳在技击时，总是有力打无力，手快打手慢。在王宗岳《太极拳论》里有"有力打无力，手慢让手快"之句，原意是，一般的人在对搏时大多是"有力打无力，手慢让手快"的情况，"是皆先天自然之能，非关学力"。太极拳者的"有力""手快"与一般人的"有力""手快"不同，一般人是以力制力以快制快，

69

你力大我比你更大，你快我比你更快，是物理意义上的更强更快。太极拳是通过走弧线操作后，改变了距离和角度，造成我顺人背之机势，削弱了对手的发力能力，压制了动作速度，是拳术意义上的更强更快。太极拳在对搏的时候，战术上总是"有力打无力，手慢让手快"的。与高手推手，想要用力却用不出力，想要快却快不了，高手出手"太快"跟不上，用力"太大"难以抗拒。

所有技击术在消解对方进攻手时，都走弧线，与太极拳不同的是，前者所走的弧线相对明显、僵硬，走弧线后转直线反击没有太极拳来得自然紧凑。限于推手较技，外家拳者难敌太极拳，因为，双方缠抱在一起推推揉揉，这种使用长劲的情形最适合弧线发挥作用。放开来打散手，情况就不一样。外家拳者大多打的是短促断续的劲，一触即逝，主动与你脱离，你的切入反击难以凑效。如果还是一厢情愿地用推手练习时的推、拿、发进行对抗，必败无疑。推、拿、发与击打比较，不知要慢多少拍。太极拳者与散手者对抗，必须要以击打对击打。走弧线是太极拳者的本能，已经习惯成自然，走个弧线，虽然难能立马切入反击，但至少能取得破坏对方稳定的作用，不稳定就打不出理想的杀伤力，就快不了。对方虽然快不了，但你也借不来力，借力打力比较难。那就走另外一条路，以快对慢，用自己的力。走弧线后，趁对手不稳定之际，呆滞之际，紧接着鞭抽发力击打，抽击弹击对手。鞭抽发力击打，它的长处是少受人体姿势限制，蛇行无定向，快捷，防不胜防，发力隐蔽，渗透性强。推手练习时的走弧线与散手实打时的走弧线有所不同，相对来说，推手走得弧线缓、大、明显，力的作用时间长，散手走的弧线急、小、隐，力的作用时间短。推手走弧线大多是在肢体接触下进行，散手走弧线大多是寸劲不动声色，在磕、碰中突然以极小的动作走个弧线，肉眼看不出弧线过程。在发寸劲之前常以慢中快的惰性力与对手周旋，这个时候的走弧线，肉眼也看不出来，绵一下软一下，就已经成了。散手走弧线能否取得满意效果，全在柔软功夫上。走弧线不仅仅是手在走，身体要跟上，身如风中旗，随风飘扬，唯风力是应，如浪中鱼，随波逐流，唯水流是应，舍己从人，如水渗流无孔不入。身形灵动，进退快捷，对改变角度和距离的贡献也是至关重要的。

"力大""快"是太极拳术技击者必有之两大特征。太极拳技击时，

"力大""快",及为什么会如此之大之快,答案就在"弧线、距离、角度"这六个字上。走弧线是因,改变距离或角度是果。改变距离使过远或过近,过远,发之如强弩之末,没有杀伤力;过近,展不开,无法曲中求直发出大力。改变角度使背手或背势,背手则关节活动受限,背势则整体活动受限。彼无力,活动受限,我自然就力大,速度快。练习太极拳术要在因上下工夫,即在走弧线上下工夫。而弧线走得好不好,柔软乃至极柔软为至要。

我们说推手都是自觉不自觉地遵循着力矩、力偶、惯性、碰撞、杠杆等物理原理。练习者无须精通精懂这些物理原理,只要明白一个道理即可:是因为改变了距离,改变了角度。具体操作只要知道一个方法即可:走弧线。

(三) 摩擦力与截力

在练习不丢不顶粘连黏随时,运用较多的是摩擦力和截力这两种力。

1. 运用摩擦力

推手的双方共有四条手臂缠绕在一块,手臂的位置或在上或在下或在外或在内。在不允许用手指抓握的情况下,彼此要产生牵、引、推、拉之力,需要通过摩擦力的作用。摩擦力的大小与正压力成正比,为此,在上的要往下压,在下的要往上抬,在外的要往里合,在内的要往外撑,两相向之力互相挤压形成必要的压力。这样,形成摩擦力的第一个条件有了。如果仅止于此,那么,这就像汽车停在平直的路面上一样,只有压力没有摩擦力,车子走不了,动不了。前弓后座左旋右转动起来,摩擦力就形成了。有了摩擦力自然就产生了牵、引、推、拉等作用力,于是,双方配合就演练出丝丝入扣的不丢不顶粘连黏随来,就演练出杠杆、力偶、力矩等作用来。

2. 运用截力

截力是在摩擦力的基础上精进的结果。有种表演叫做"喉断银枪"。两位表演者把枪尖顶在各自的喉咙上,喉咙作劲,把枪杆从中段顶断。在整个表演过程中,先是两位同时用劲把枪杆顶弯,然后再使枪杆更弯,直至弯断。枪杆在由直逐渐转弯的过程中,双方的顶力都汇聚到枪杆的中段,最后枪杆承受不了两相向之力的折叠应声折断。回到推手,两相向之力互相挤压形成必要的对抗后,不去发挥牵、引、推、拉等作用,而是通过顶,把对方的手臂的某一关节顶得吃不住劲。举一个最简单最明显的例子。对方的手掌贴在我胸部朝我推来,我胸部贴紧贴实对方的手掌,然后胸部作劲直顶其手指,这个时候,对方朝我的推力,我朝对方顶的力会汇聚到对方的手腕关节,手腕吃不住两相向之力的对挫,会松腕倒地自保。这就是截力。在推手过程中,可以把两相向之力汇聚到对方的腕、肘、肩关节,只有汇聚到关节才可能产生折叠效果。当截力产生作用后,对方的某一关节感到十分吃力难以承受时,我方要努力维持对方这个关节吃力难熬的状态。对方不要逃避,要忍受这个刺激,借这个机会把关节练得坚韧起来。通过对顶造成对方某一关节吃力难熬,这个对顶是先由用意不用力的虚虚笼住得到信息,然后突然发力顶牢顶紧使不得动。这个过程和"喉断银枪"相似。"喉断银枪"表演时,先是双方配合把枪杆虚虚顶住,然后,喉咙突然同时作劲,把劲汇聚到枪杆的中段并使其弯曲,有了弯曲下面的事情就好办了。在进一步使枪杆变得更弯曲直至折断的过程中,是不能用硬力蛮力的,用的是柔柔的有听劲的惰性力。推手截力的运用也如此。截力是力迎着对方的力错开一个小小的角度,起到的效果却是"吞吸"。"人一挨我,我不动彼丝毫,趋势而入,接定彼劲,彼自跌出。如自己有不得力处,便是双重未化……"李亦畬的这段话是《四字密诀》的直白诠释,是吞吸技术的具体表述。人力过来,"不动彼丝毫",不加导引,不运用摩擦力,而是迎上顶上"接定彼劲,彼自跌出"。从"彼自跌出"四字可清楚看出,对方是自己出力把自己挤拱出来的。从"如自己有不得力处,便是双重未化……"看到,如果迎堵不好,技术不过关,就会从假顶变为真顶。迎上接定彼劲要有些讲究。人家手过来,我手极其绵软地迎伸,抵紧顶实,然后随来力让彼推着走。走动中不动声色地将彼某关节拿空,使彼疲软不得力,合力从该关节将彼身体挤抛出来。有时也可不随来力运动,直接指向来力。是先随来力走还是直接指向来力,视当时情况而定。如果发现对方某关节疲软无力,则无须等,无须随对方来力运动,直接用力往前堵顶。经堵顶,对方受到刺激,本能用力反抗,我之堵顶力与对方本能反抗力就会相汇在该疲软关节。堵顶能让人全身力涌冲上来在某关节处"溃决",堵顶时用些力,对方受到的力却被他自己以杠杆比例放大几倍几十倍,又打在最难受最经不得打的关节处,这是太极拳术高级的借力打人技术。把人发出是一种功夫,把人压塌或让他双足蹬地无力是另一种功夫。前一种功夫需具大力,后一种功夫耄耋也可为之,就是吞吸功夫。杨澄甫与一大力蛮汉试技,杨师出一掤手,蛮汉猛一使力当即跪倒,此即吞吸所为。武禹襄的《四字密诀》,杨澄甫的"只进不退",都是吞吸功夫的写照。截堵时,自觉自然不勉强,有时臂重之力或重心移动凭体重力即可。如太勉强、吃力,那就是从假顶变成真顶,"双重未化也"。避免对顶就要给对方的所有来力以出路,不能堵死推不动,不能叫对方停止用力。

吞吸,乃欲擒故纵之法。在彼力头上堵一堵顶一顶是必要的刺激和调动,引出彼力。堵顶好似砒霜,有剧毒也是良药,全在怎么用,在尺度掌握。如果"头尾"相抵后,不能造成彼身体的某个关节疲软弯曲,那就是犯了"顶"的毛病了。

3. 两者的区别

有些人以太极拳推手中的堵顶为大忌,以引化为追求,其实并非全然。引化是在对方原有运动趋势的基础上顺势导引,因此,导引的操作是个不能过快也不能过慢,加力不能过大也不能过小的过程。从这个意义上说,显然,引化是个缺乏主动性的操作。即使引化成功,借力也是很有限。还有一个问题,引化成功了,被引者落空失势,落空后,双方的劲力往往由于被引者的失势而彼此断开不再有实质性的黏随,对失势者的进一步彻底制服几乎全靠引化者的力气,这与太极拳技击术中的高级技术"借力打力"有相当的距离。引化主要是摩擦力的作用。行驶中的车子,顺势给它一个推力,车速加快,给一个阻力,车速减慢,前轮急刹,顷刻翻车。推手中运用摩擦力顺势导引,就如同给正在行驶的车子一个推力,车速加快一样,被导引者往往快速前冲几步常仍安然。倘若运用截力迎头堵顶一下,打击效果就不同了,有点像前轮急刹翻车的情形了。

运用摩擦力和运用截力是有所区别的：利用力偶原理迫使对手旋转失势，这是整体作用影响整体。折人手指，这是局部作用影响整体。运用摩擦力是整体作用影响整体，运用截力是局部作用影响整体。运用摩擦力往往需要两手配合，走大弧线，运用截力往往是单手点入。散手时，摩擦力的作用有限，甚至没有机会。截力由于是单手可为，由于是打点打局部，机会多多；用力偏硬者容易被摩擦力所制，用力偏软者容易被截力所制；顺着力的方向跌出，是摩擦力起作用。某关节疲软无力，身体从该关节被抛出，是截力起作用；运用截力是在运用摩擦力的基础上精进的结果，更加直截了当。《四字秘诀》就是截力的真实写照："敷：敷者，运气于己身，敷布彼劲之上，使不得动也。盖：盖者，以气盖彼来处。对：对者，以气对彼来处，认定准头去也。吞：吞者，以气全吞而入于化也。此四字无形无声，非懂劲后，练到极精境地者不能知。"敷：面大，是全局，全过程，是控制，是虚虚笼住。盖：在对手力将发未发之际，封堵在某个关节中不让发出。对：对手力已发出，不让得逞，把彼之劲力截断在前行途中，封堵在某个关节中。吞：相向之合力作用在该关节后，身体从该关节跌出。

图27是典型的截力技术的应用。施技者（着深色衣服）与对方（着浅色衣服）两力相抵相顶，对方肘、肩关节乃至全身被串僵串硬；继续施力，对方整个身体会以肩关节为前导，向前上冲出。

图28是典型的摩擦力技术应用。施技者两手在对方肢体上施行静摩擦，即无滑动的摩擦。

图27　　　　　　　　　　图28

(四) 找梢节串中节锁死根节

就手而言，腕关节为梢节，肘关节为中节，肩关节为根节。从经验和实践来看，能让对方肩僵硬，成功了一半。在让对方肩僵硬的同时，我方处于蓄势状态，成功了另一半。怎样才算是蓄势状态呢？劲似松非松将展未展，手屈收、回缩，相对贴近自己身躯，仍然得机得势。物理上的弹簧在弹性限度内，压缩得越多，释放出的弹力越大，人体可不全是这样，回缩得过多，关节屈收到一定程度，不但发不出力，还有可能关节被压瘪压死。

屈收、回缩能把对方的手引出来，引长，使其远离身躯，这是一个"引进"过程。图29中，对方（着浅色衣服）的手被施技者（着深色衣服）引长引直，身体被引硬，整个身体像杠杆一样被撬起来。

图30中，对方的手被引长引直，身体被引硬，这个状态，发放或继续引进都可以。

图29    图30

对方被引进后，一是会处于难发出大力的尴尬，二是会造成一定程度的落空。这个时候这种状态，对方的运动速度反应速度都会变慢。如果对方手腕没有掤劲，施技者就找手掌对着手掌发劲，用劲锁死对方腕关节。如果对方手腕掤劲不失而肘关节无掤劲，施技者就找前臂对着前臂发劲，用劲锁死对方肘关节。施技者找对方手掌发劲，对方手腕关节受不了，为避免受伤害，肘部就会本能地快速回缩，施技者的劲立即穷追贯串对方肘关节，最后连累对方的肩关节僵硬被锁死，腰脊随之僵硬，对方的身体即被弹射出去。（图31）

图31

找对方手掌发劲，其腕受制，就会本能往后缩，连累肘受制；其肘就会本能往后缩，连累肩受制，其身体就会本能往回抽逃。抽逃的力量加上同方向的外力追逼贯串，又，抽逃的速度小于外力追逼的速度，身体的被移动就不是"直挺挺"，而是"弹射"了。把一根立在地上的木棒推倒，木棒倒地过程"直挺挺"没有"弹射"。内家拳有"绵软"的东西，所以"弹射"就相对要多些。在推手进行找梢节、串中节、锁死根节操作时，用劲有擒拿的用意，有探摸控制关节的用意，没有抓握的行为，纯粹用劲来叫僵、控制、锁死关节。擒拿则不同，擒拿虽然也有劲的成分，但主要是靠用手抓握来控制关节。用手抓握完成擒拿，一般称之为小擒拿，用劲完成擒拿，一般称之为大擒拿。"串僵""锁死"是通俗说法，它的力学过程类似银枪刺喉表演。枪头枪尾同时受力，用技巧把枪身抵弯曲，弯曲到一定程度就可以把枪身折断。人的关节相当于枪身，关节的两头同时受力，把关节以很快的速度抵成弯曲，使其失去支撑、固定、反抗作用和能力。关节受到的两个相向之力，一头是对方的发力，另一头是己方回缩不及产生的顶力。

　　为什么要找对方的腕关节，而不去直接找它后面的肘关节或肩关节呢？一是方便触到。较技之时，长一寸强一寸，鲜见有用肩头而不用指、掌、拳为前导较技者，手腕作为前导，一般都先接敌。二是最脆弱。肩连接上臂和背，肘连接前臂和上臂，腕连接前臂和手掌，三关节中腕关节相对脆弱，容易被锁死，所以从腕关节突破。对方的手掌受到冲击力，腕关节、肘关节、肩关节被锁死，身体就会本能地快速后抽回逃，冲击力与后抽回逃之趋势同方向，人被发出就不需用很大的力。牵一发而动全身，四两拨千斤，情理之中。直接触对方的肩发力要取得理想的效果，需要用很大的力量，因为对方的肩头受到力，其身体能够马上动员背脊、腰腹、腿足来抵抗，这些部位都粗壮有力。触掌发力如能奏效，不但需要用的力不大，还由于对方的腕节、肘节、肩节在极短时间里被串僵锁死，增加了其化解的难度，减少了旋转变化的余地。

　　找对方的手掌或手之前节发力，相对直接触对方身体发力，从表面上看，前者离对方身体远，后者离对方身体近，好像后者更容易打动对方，其实不然。我们开门关门，轴转门动，如果凭现象以为既然是因轴转而致门动，那么，就直接在轴上用力好了。但事实上，在门框边沿上用力，要比直接在轴上用力更省力更容易把门转起来。推手和推门道理相似。一块大石头，直接用力推，推不动。弄根木棒，下面垫块石头，就能轻易地推动。有些情况是间接比直接更容易达到目的。

　　因腕最灵活，要粘贴腕部不容易，要有专门粘贴腕部的练习。这个练习称之为练前节、打前节。练前节，就是双方尽量用手之前节贴粘接触推习，腕腕相触把力练到前节，这不但会长一寸强一寸，还能把腕关节的掤劲练好，不让人轻易找腕关节得逞。打前节，就是通过接触对方前节，找到对方的腕、肘、肩关节，哪个关节发硬或疲软无力，就以这个关节为突破口，串僵、锁死。练习贵在无招无式，用劲串中节锁死根节，不在招式上打主意。有的人喜欢在推手的时候抓握别人的手腕或手臂，抓握用的是手指的力量，被抓者用的却是手臂的力量，显然，抓握者处于劣势。这个时候，被抓握者就可以实施找手指、锁死腕、肘、肩关节，更省劲省事。练前节、打前节不但太极拳推手里面有，李小龙的截拳道里面也有相似的练习："练习黐手可以增强这种能量，使身体和手臂放松。当你的手腕触及对方的手腕时，你的手只要施加一些压力，前后滚动两臂即可。"太极拳推手里面的腕腕相搭练习与截拳道里面的腕腕相搭练习不尽相同，但有一点是相通相同的，那就是十分重视腕部接触，加强前节能力的训练。

找腕关节串肘关节锁死肩关节不同于直接触身发力，它有找寻、试探某节疲软无力的过程，找到后要从该关节开始串僵锁死后面各关节，是慢中快的惰性力。喉断银枪表演，枪两头同时受力被折弯后，受力加大，至一定火候，银枪会被折断。控制力度，控制银枪弯曲度，使处即将折断之临界点，此时弯曲度最大处受力可达最大。把或腕或肘或肩关节串僵锁死后，可以不挤出，就像不把银枪折断，只让弯曲度达到最大一样，虚虚笼住，让关节同时受对方顶力和我方压力这两相向之力挤压。控制得好，调出对方最大的顶力，使其自己打自己，把自己打得抬不起胳膊。这种练法多用在老师给学生的喂劲之中，让学生的关节节节坚韧，掤劲不失。要发放时，两相向之力再大一点，就会出现类似"银枪被折断""我不动彼丝毫，趁势而入，按定彼劲，彼自跌出"的场景。

（五）太极八法

掤、捋、挤、按、采、挒、肘、靠，被称为太极八法。对于太极八法，众说纷纭。对太极八法不以为然的有向恺然先生、汪永泉先生等。

原湖南国术馆秘书长向恺然："认真说起来，却能有这八个名称，乃略得其意的用法。至于要提出这八个式来教授徒弟，供人练习，以我所认识的太极拳名家，都没有这套本钱，仅可称之为八种手法，断不能为八式（因为并无一定格式使人遵循），然退一步言，当各有其妙法。至于前、后、左、右、中定五式，更含糊可笑：何种拳术无前、后、左、右、中定？太极拳的前、后、左、右、中定，又有何一定的方式？"

杨式太极拳家汪永泉："在运用太极八法时，掤里有捋、挤、按、采、挒、肘、靠，挤里有掤、捋、挤、按、采、挒、肘、靠……太极拳内功是'一动无有不动，一静无有不静，一处有一处虚实，处处总此一虚实'的综合功夫。"

李锦藩是李亦畲的族曾孙，曾跟李亦畲的二儿子学过拳。有一次，李锦藩问李逊之："我看拳谱上有掤、捋、挤、按、采、挒、肘、靠八法，这八法是怎么回事？"李逊之说："分得那么清怎么能用？我一举手这全部都有了。"

太极拳与外家拳在外形表现上，都有掤、捋、挤、按、采、挒、肘、靠，要说有什么不同的话，太极拳在操作时更具弹性、柔性、听力，力的作用时间相对要长些。如果要把掤、捋、挤、按、采、挒、肘、靠作为太极八法来对待，就不要在外形上下力气，要从劲力上下工夫。这种劲力，如果借用同属内家功夫的意拳的话来说，就是两臂"推之不动，拉之不开，砸之不落，挑之不起"。用太极拳自己的话来说，就是通过不丢不顶粘连黏随的推手，练出两臂"似松非松将展未展"的用劲能力，简称太极劲。对抗时，根据不同的情况，手肯定有不同的表现形式，外形上手的表现很丰富，很随机，但内里的劲却始终如一，就是一个太极劲。具备太极劲后，一动手什么都有，无须在外形上的掤、捋、挤、按、采、挒、肘、靠上花力气。"分得那么清怎么能用？我一举手这全部都有了。"太极八法可以了解，但不要在外形上花力气。

对于八法，不同的角度，不同的侧重点，有不同的描述，百人百解，各不相同。任何一种解释都不会是详备无遗。看描述看解释，不能带着绝对的态度，不能有他的就对，你的就不对的固执。综合各人的描述和解释，对八法会有一个相对清晰、完整、科学的认识。

本书再提供一种解释供参考。

1. 掤

掤，可以说是母法，其他七法为子法，都有它的影子。太极拳习练者最先掌握、接触的便是掤。可用于进攻，也可用于防守，中性。多为臂部接触，双手可处上也可处下，可处内也可处外。掤类似于被压缩的弹簧，弹力最强，绷得最紧，却不失弹性，堵顶截封来力，是《四字秘诀》敷、盖、对、吞中盖和对的体现。

施技者（着深色衣服）双手处下的情况。（图32、图32附图）

施技者双手处上的情况。（图33、图33附图）

图32

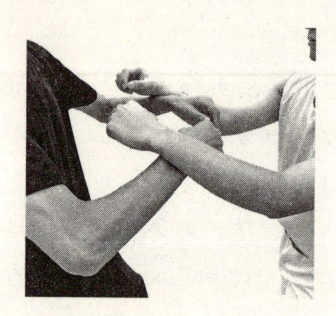

图32附图

图33

图33附图

2. 捋

捋，可双手操作，也可单手操作，多为手掌接触施技。防中有攻，在对手主动进攻时使用。用劲轻、小，双手处上，通过静摩擦力，顺着来力引导。

施技者（着深色衣服）双手操作的情况。（图34）

施技者单手操作的情况。（图35）

图34

图35

3. 挤

挤，多在对方肘关节疲软无力时施力逼迫，用力慢中快，别逼挤压对方疲软无力之关节。有平挤、下挤、上挤。发放前的准备。可单手也可双手操作。

施技者（着深色衣服）双手平挤的情况。（图36）

施技者双手处上、下挤的情况。（图37）

图36

图37

施技者双手处下处外、上挤的情况。（图 38）

图 38

4. 按

按，多用双手直接贴触胸部或身躯正面，可长劲推按，或短劲骤然发力。高手也可以接触双臂施技。

施技者（着深色衣服）与对方（着浅色衣服）比较正面的接触双臂推按。（图 39）

施技者与对方双手相对分开接触双臂推按。（图 40）

图 39 　　　　　　　　图 40

5. 采

采，一手管一手，施技者（着深色衣服）手处上位，多用掌指，高手可用腕节，先向下往自己身前或身侧划弧施力，对方（着浅色衣服）受力弹起来（图41）后，施技者转为顺来力向上拨带，力大势沉劲骤，以退为进。

图41

6. 挒

施技者（着深色衣服）一手管一手，双手同时同向骤然旋转施力，利用力偶原理，使对方（着浅色衣服）以自身躯干为轴旋转，主于进攻，手处上位。（图42）

图42

何谓力偶原理呢？两个力的大小相等，作用方向相反，但不在同一直线上，这样一对力叫做力偶，如右图所示。力偶的作用，能使物体发生转动，或改变其转动状态。力偶转动效应的强弱，决定于力偶矩的大小。力偶矩的大小等于其中任何一个力的大小和两力作用线之间的垂直距离的乘积。在右图中，如果力 F 的方向跟 AB 垂直，AB 的长度等于 d，那么这个力偶的力偶矩 $M=Fd$。驾驶员双手转动方向盘时所施加的一对力就是一个力偶。不管车子多重，转动方向盘都是用不着费多大劲的，方向盘子越大（d 越大），转动越省力。太极拳推手时很难出现严格意义上的力偶，因为力偶这对力必须符合大小相等，方向相反，不在同一直线上，只能是近似符合。如，对方左手向我袭来，我右手黏紧彼左手，因势利导循来力方向牵引加力，同时左手前伸朝前锉推彼之右侧。彼两侧同时受到我施与的一对方向相反的力的搓动，旋转跌仆。贴身近靠时常可利用力偶原理将人搓旋，离得远或单手接触一般不用。

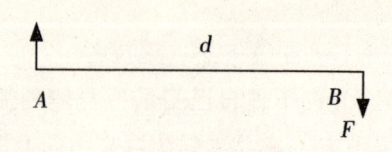

7. 肘

太极拳推手练习中的肘，不是用肘尖抵顶，而是肘节部位在粘黏中的攻击和防守。可用肘、捋、挤、按、捌、靠。

施技者（着深色衣服）肘部挤按对方（着浅色衣服）腕节，致对方肘节被别逼僵死。（图43、图43附图）

图43 　　　　　　　　图43附图

施技者肘部沉带对方上托拉拔之掌，致对方失重前倾。（图44、图44附图）

图44

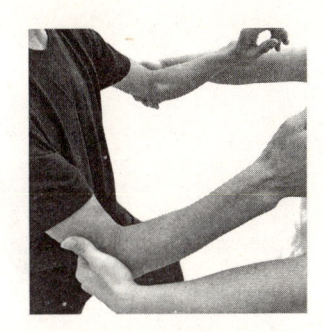

图44附图

8. 靠

靠，大多利用体重力，身体任何部位皆可操作，运用最多的是胸、背、胯部位。

胸靠：施技者（着深色衣服）利用体重力，以强壮的胸部贴靠对方（着浅色衣服）相对细弱的手，致对方难以抵挡。（图45）

图45

背靠：施技者身体背向对方时，在抵紧贴实、有把握的情况下，体重力通过肩背压过去。（图 46）

图 46

胯靠：施技者身体侧对、背对对方时，在抵紧贴实、有把握的情况下，体重力通过胯部、臀部挤撞过去。（图 47）

图 47

不管是胸靠、背靠还是胯靠，贴靠时都要抵紧贴实不留有空隙，步步进逼，力无断续。靠技多在平时前俯后仰、左右弯斜、躯体滑进滚进滚出对抗中练就。

推手是配合性练习，有的推手把掤、捋、挤、按、采、挒、肘、靠形成固定形式，一法一法练习。太极拳套路也有把八法融入其中。从实践来看，不管是推手练习还是套路练习，重点都应该放在劲力的"似松非松将展未展"上。掤、捋、挤、按、采、挒、肘、靠在断手和直接对抗中掌握更有实效。套路练习，淡化八法，推手练习，淡化八法，八法不一定要专门练习，对抗多了自然就有，不经对抗，都是纸上谈兵。

找梢节串僵肘节锁死肩节，是发放对手的一个方法。就着这个方法，"略得其意"地介绍一下八法的操作过程。

施技者（着深色衣服）两手置对方（着浅色衣服）两手之上之外侧，可贴触对方的手掌或靠近腕关节处，往外往下往自己身侧捋带；或往内往下往自己身前捋带；经捋带，对方的身手被拉长、拉直、拉硬，我方身手曲蓄。（图48）

上动不停，我方双手再从下往上往前按，按用的是慢中快的惰性力，有试探有捉摸有逼迫，目的是将对方腕关节肘关节肩关节串僵锁死。对方关节被串僵锁死，尤其是肩关节被串僵锁死，肩寒全身僵，肩紧全身滞，出于避免关节受伤害的本能，对方身手会回缩后抽逃离。（图49）

图 48

图 49

趁此机势，我方发力挤出，挤力加上对方的回逃，两力同向，我方不觉用力，对方却会被弹射而出。（图50）

图50

这一个发放过程，先有捋，再有按，最后有挤，骨子里是掤。在对抗的时候，单独使用某一法的情况十分少见，大多是几法综合运用。有一拳谚："掤在两臂，掤要松。捋在掌中，捋要轻。挤在手背，挤要横。按在腰弓，腰要弓。采在十指，采要实。挒在两肱，挒要惊。肘在曲使，肘要冲。靠在肩胸，靠要崩。"这只是列出了运用掤、捋、挤、按、采、挒、肘、靠时身体主要的操作部位，不是全部。掤不仅在两臂，是全身。挤也一样，不仅是手背，是全身。靠的部位也不仅是肩胸。此拳谚仅作参考。

也有称太极八法为太极八劲的，两种称谓，哪一种更科学？显然称太极八法更科学。太极八法，乃略得其意的用法，其内就贯串一个太极劲。经典的"太极八劲歌诀"，其中的"劲"字，只要我们把它当成"法"字看待，并不影响我们的学习借鉴。

附：太极八劲歌诀

掤劲义何解？如水负舟行。先实丹田气，次要顶头悬。

全体弹簧力，开合一定间。任尔身力大，漂浮亦不难。

捋劲义何解？引导使之前。顺其来势力，轻灵不丢顶。

力尽自然空，丢击任自然。重心自维持，莫被他人乘。
挤劲义何解？用时有两方。直接单纯意，迎合一动中。
间接反心力，如球撞壁还。又如钱投鼓，跃跃声铿然。
按劲义何解？运用似水行。柔中寓刚强，急流势难当。
遇高则澎满，逢洼向下潜。波浪有起伏，有空无不入。
采劲义何解？如权之引衡。任尔力巨细，权后知轻重。
转移只四两，千斤亦可称。若问理何在，杠杆之作用。
挒劲义何解？旋转若飞轮。投物于其上，脱然掷丈寻。
急流成漩涡，卷浪若螺纹。落叶堕其上，倏尔便沉沦。
肘劲义何解？方法有五行。阴阳分上下，虚实宜辨清。
连花势莫挡，开花捶更凶。六劲融通后，运用始无穷。
靠劲义何解？其法分肩背。斜分势用肩，肩中还有背。
一旦得机势，轰然如捣碓。仔细维重心，失中徒无功。

（六）顺势逆力加力和顺势顺力加力

接迎面飞来的篮球，先双手主动迎向篮球，再顺着篮球运动方向回缩，经缓冲，给篮球一个阻力，令减速停止。双手顺着篮球运动方向回缩，是"顺势"，给篮球一个阻力，令减速停止，是"逆力"。这个过程称之为顺势逆力加力。从后扑倒向前奔跑者，是给奔跑者上身一个动力，令上身加速前冲，造成腿的奔跑速度跟不上上身前冲速度而摔倒。顺着奔跑者的奔跑方向加力，既"顺势"又"顺力"，这个过程称之为顺势顺力加力。推手较技，也有顺势逆力加力和顺势顺力加力两种情况。《四字秘诀》："敷、盖、对、吞。"敷者，运气于彼身，敷布彼劲之上，使不得动也。盖者，以气盖彼来处也。对者，以气对彼来处，认定准头而去也。吞者，以气全吞而入于化也。前三个字敷、盖、对，主要是顺势逆力加力情况。彼力过来，我错开一个角度，迎头抵紧贴实，堵截、控制、进逼，顺着对方的势逆着对方的力加力。最后一个吞字，其中一义是裹挟、擎起、吞吸，主要是顺着对方的势和力加力，是顺势顺力加力的情况。

1. 顺势逆力加力

敷：敷者，运气于彼身，敷布彼劲之上，使不得动也。这里的关键词是"使不得动"。小虫落入蛛网要挣扎，挣扎过程酷似"使不得动"。每一挣扎，均得到蛛网的响应，小动小应，大动大应，总是被裹挟。小虫虽能动，但是原地"踏步"之动，是无谓无奈之动。推手中的敷技与蛛网裹挟小虫极为相似。推手者都有弹性用力的自然表现，对手进多少，我抵紧贴实，给点小小的阻力，给点小小的方向改变，有弹性地步调一致地回缩多少。对手退多少，我抵紧贴实，轻轻地逼住，给点小小的方向改变，有弹性地步调一致地跟进多少。不管对手是进还是退，对手始终处于似曲非曲似展未展的被束缚被阻滞被压迫被改变被控制状态，欲进不敢，欲退不能，不自由。敷很轻很灵，就像大海轻轻地托着船儿，船儿虽是薄薄地浅浅地触水，却是整个交给了大海，水可载舟，亦可覆舟。对手可以动，但却是无谓无奈之动，与小虫落入蛛网之挣扎几无区别，与不能动、不得动几无区别。对手每一动每一挣扎，都能得到力的响应，谓"不空"。对手每一动每一挣扎，都是无谓无奈之动，谓"空"。"不空而空"，"空而不空"。

盖：盖者，以气盖彼来处也。这里的关键词是"来处"。哪儿是"来处"呢？从"其根在脚，发于腿，主宰于腰，形于手指"来看，人体之运动是节节贯串，一动无有不动，脚、腿、腰、手，任一处都是运动链条上的一个环节，任一处的薄弱、出问题，整体皆受制，故任一处都可以成为"来处"。当肩关节疲软无力或僵硬时，它就是"来处"，当肘关节疲软无力或僵硬时，它就是"来处"。彼力过来，我错开一个角度，迎头抵紧贴实，用劲虚虚笼住，制造"来处"，然后刺激"来处"，使"来处"不得力。如，触腕节串僵肘节锁死肩节的操作，通过接触彼手腕用劲于彼手腕，使彼肘、肩受制不得力，形成"来处"。哪里是"来处"，力的通道就在该处被断开，该处以上就无力。"来处"被盖，就会呆滞，难以发力，无法发力。

对：对者，以气对彼来处，认定准头而去也。这里的关键词是"认定准头而去"。找到、形成"来处"后,接下来是处理,是"认定准头而去"。"认定准头而去"方式方法多样,难以详尽。如,当认定手指是"来处"时。对手掌推按我胸部,我胸部迎上紧贴,同时往其指端施力,对方的腕、指在自身推按力和我胸之搓按力相向对挫作用下,定然疼痛难忍而松指松腕松肘松肩,膝下跪身前倾瘫软倒地以自保。对手抓握我之手臂施技,我之手臂顺势逆着对方力的方向加力,施力于彼之指端,细弱的指端之力怎能与粗壮的臂力抗衡呢?用手掌推按我身体任何部位都一样,迎着对方细弱之手指关节,以身对手,以大打小,顺势逆向加力。如,当认定肩关节是"来处"时。我堵截之力与对手自足而腿而腰而肩向上之力相汇于彼之肩处,肩关节受两头挤压,抗不住,疲软弯曲,越挣扎两头相汇的挤压越紧实,直至身体从肩处被挤拱抛出。自行车前轮急刹,人会被向前抛出,是因为人和后轮有惯性。身体被从肩处抛出也有惯性因素。如,当认定腰腿是"来处"时。察觉到对方腰腿无力,劲力直渗至这两处,令难以站立而瘫软,或拍一下采一下,令弹跳。如,当认定足是"来处"时。找腕关节串肘关节锁死肩关节后,在腕节冷脆地抵一下,肩以下诸关节皆被串僵,僵硬的身躯便自动崩出。

顺势逆力加力大多迎上,两力相向,我通过掤、按、挤、肘、靠,与对方来力错开一个角度,串僵锁死一个或几个关节。

施技者(着深色衣服)通过掤的方式指向对方(着浅色衣服)。(图51)

施技者通过按的方式指向对方。 (图52)

图51 　　　　　　　　　　　图52

施技者通过挤的方式指向对方。（图53）

施技者通过肘的方式指向对方。（图54）

施技者通过靠的方式指向对方。（图55）

图53

图54

图55

2. 顺势顺力加力

吞：吞者，以气全吞而入于化也。有两种情况。第一种情况，对方掌推按我胸部，我胸部迎上紧贴，同时往其指端施力，对方的腕、指在自身推按力和我胸之搓按力相向对挫作用下，疼痛难忍而松指松腕松肘松肩，膝下跪身前倾瘫软倒地以自保。这种情况，施技者力指向对方，对方身体却反而迎向施技者瘫软，身体被"吸引"过来，被"吞吸"过来。这是上面讲述的逆力加力的情况。第二种情况，对方往前冲，往我正面来，我退彼进，我的力与彼力抵紧贴实，边退边顺着对方力的方向裹挟诱带上拔；对方有被往前往上吞吸的感觉，腰空虚无力，足踩地无蹬力，回不去下不来，表明正在被擎起。身被擎起，已见危险，必企图回走逃脱，作为练习，让他逃，逃多少放多少，始终处于被擎状态，逃也不是，进也危险，如临深渊。对方往前冲，往我正面来，我退彼进，我的力与彼力抵紧贴实，边退边顺着对方力的方向裹挟诱带下采，令其前栽。或上拔或下采，对方身体失势后的运动都与施技者施力的方向同向，这是顺力加力的吞。实践中，上拔要比下采隐秘、有效、实用得多。对方主动进攻往前冲，我边退边化不是最佳选择，在擎起彼身的意念指导下，边退边裹挟、诱带、吞吸、上拔，令对方之进之冲成为无根之进无根之冲，进也不是，退也不能，始终处于用力挣扎之中，只有出的气少有进的气。敌强我弱的情况，主动退走，引诱对方前冲、"进攻"，在退走中擎起彼身，吞吸来力。

顺势顺力加力，施技者的力与对方的力、对方的身体运动同向，大多通过捋、采、挒吞吸对方身体。

施技者（着深色衣服）顺着对方（着浅色衣服）来力捋带，对方身体被擎起。（图56）

施技者顺着对方来力采带，对方身体被擎起。（图57）

图 56　　　　　　　　　　图 57

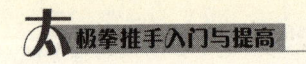

施技者因势利导，顺着对方来力捌转。（图 58）

图 58

敷、吞的操作相对更多的是对势、对全体的把控，更灵动。盖、对的操作相对更多的是对劲、对具体部位的把控，更实在。或敷或盖或对或吞，相机而施，忽全体把控，忽具体部位拿捏，忽隐忽现。

从力学分析，顺势逆力加力，因彼此力的夹角为钝角，对方受到的合力要比顺势顺力加力小得多。这似乎不划算，事实却并不尽然。对稳定的影响及受到的刺激程度不仅仅由受到的合力大小决定。人受电击会跳起来，会弹得很远，会蹦得很高，这种情况受力不大甚至没有受力，是受击者自跳。推手也有相似的情况，在关节受到刺激，为使关节免受伤害，会本能倒地自保或弹跳蹦起。找梢节串僵中节锁死根节把人打出，也有自跳的因素。又如，正面被推与侧面被推，同样大的力，打击效果大不一样。对方受到合力大，产生的打击效果并不一定也大，受到合力小，产生的打击效果并不一定也小。对方受到的打击并不仅仅由受到的合力大小决定。

3. 练习与对抗有别

一对顶尖高手对搏的场景，与一对蛮人对搏的场景差不多，什么都做不出来。蛮人做不出来是因为他们都不懂，高手做不出来是因为他们都懂。前人、今人介绍的推手技法很多，在配合性练习的时候能做出，对抗的时候则不一定，对推手者有效，对不会推手者则不一定有效。比如敷技的应用，对手没有弹性用力习惯，上下脱节不连贯，用力又硬又散又断，要么你还没有敷他就倒了，要么你还没敷他就跑了。秀才遇到兵，有理讲不清，讲理要看对象，用技也要看对象。有的技法效果神奇，这是有条件的存在。尽管是有条件的存在，尽管讲得好听做出来难，尽管对抗的时候、水平相近的时候很难做出，但要把它作为一种技法、一个理念来学习和运用，在平时练习时努力去做，对技击能力的提高仍是十分有益。成佛，做圣人，难之又难，但是，人们并没有因此而不去学习、效仿，佛、圣人能让人们起见贤思齐之心，生仰慕效法之思，使我们的人生更完美。一羽不能加，蝇虫不能落，神明，等等，都是难之又难，甚至是可望不可即。这些目标的提出，能使我们的太极拳练习精益求精，永无止境。

（七）莫误舍近求远

王宗岳太极拳论中有一句话："本是舍己从人，多误舍近求远。""舍己从人"和"舍近求远"既非近义词又非反义词，两者牛头不对马嘴，风马牛不相及，它们怎么会走到一起了呢？它们走到一起是因为太极拳术的特点使然。

前半句"本是舍己从人"，意思较为明确，本来应该是，主观所为建筑在客观实际之上，针对太极拳推手的练习，如，以不丢不顶粘连黏随的劲力，迎合、接受对方的劲力，劲与劲咬合紧密不逃不丢。后半句"多误舍近求远"，意思是，练者多忽视现成的、近在眼前的、送上门的，却要另起炉灶，舍近而谋远，误入歧途走冤枉路。何为近？何为远？王宗岳却没有再详细罗列。不是他不想罗列，而是无法罗列，这是一项不能完成的任务。为什么呢？随着练习的深入，领悟、理解不断深化，近、远的内容将无限延拓，没有人能用语言将其穷尽，王宗岳也不例外。王宗岳不详细罗列近和远，讲半句剩半句，表面上看起来好像有些粗心，其实是出于更细更全之考虑。"舍近求远"，内容丰富，想象空间大，可以无限延拓甚至"演绎"。本文试着在"舍己从人"这个必要的前提下，罗列一些近和远的内容，并做些"演绎"。

1. 紧逼跟随为近，主动寻打为远

太极拳术立足己弱人强，崇尚舍己从人，后发先至，重劲不重招。"人一挨我，我不动彼丝毫，趁势而入，接定彼劲，彼自跌出。"每接手，先是黏随跟随，不动彼丝毫，不主动打人，当打人的机会在黏随跟随紧逼中降临到手上时，才开打。主动找机会寻打有它的负面效应，找是很主观、很由己、很执着、很固执的行为，这种行为带来的后果是违背了"舍己从人"的太极拳术原则。如果体重、力量远胜对手，虽然做法违背太极拳术原则，胜利却没有问题，尽管它不是太极拳术的胜利。或均势力敌，或己弱人强，则此做法凶多吉少。主观主动寻打，打之刹那间必用全身之力，必是全力以赴，此刻全身必僵硬。如果此击不能如愿取胜，则僵硬之躯，少有或没有变化余地之躯，必转为被动。要耐得住性子，不要主动找机会打人，要时时提醒自己，打消主动寻打的念头。不主动寻打，没有目标，只是黏随跟随紧逼，这反而处处是目标，时时可攻击。黏随跟随紧逼，倘若对方不主动进攻或用力，会被粘逼压迫得难受，倘若主动进攻或用力，会如小虫掉落蛛网中，挣扎得难受。主动或被动都不好过。意拳中有一句话："不管他人中不中，只管自己正不正。"把自己管住了，要力有力，要速度有速度，这与不主动寻打异曲同工。练习太极拳套路也一样，不要想着这一手应该打中对方的这里，另一手应该防住对方的那里，而是要摆正自己，把自己安排好，立身中正支撑八面，要速度有速度，要力量有力量。主动进逼跟随等机会，为近，主动找机会寻打，为远。在太极拳推手里面，舍近求远，主动寻打，是被视为有很大风险的赌徒行为。

不主动寻打，却要主动黏随跟随紧逼，"彼不动，己不动；彼微动，己先动。""彼不动，己不动，彼微动，己先动。"出自武禹襄的《太极拳解》。如果仅从字面上来推敲、理解就要出问题。我们试着从字面上理解：如果双方都"彼不动，己不动"，那就只有大眼瞪小眼，你看着我，我看着你，推不成手。彼大动也好，小动也好，微动也好，只要动就是先动，对方动在先，己方就只有后动的份儿，"彼微动，己先动"也说不通。存在的问题如此的显而易见，这位太极拳大家连普通平常之人都觉得有问题的话，他竟浑然不知?!"犯"有同样"低级错误"的人不止他一个，杨澄甫说："口呼鼻吸，任其自然。""练太极拳者不动手"。谁打太极拳是用口来呼的?!谁打太极拳手是不动的?!公园两老者推手，你来我往配合默契丝丝入扣，步调高度一致，双方都不破坏对方的重心稳定，不对抗，十分地陶醉。这种情况不能套用"彼不动，己不动；彼微动，己先动"这句话，因为这句话是用来指导对抗的。对抗、实战，就是你死我活，大眼瞪小眼，你看着我，我看着你的情况绝对不会有，动是绝对的。对抗中，没有一方是静止的，说静止或不动是相对的。比如，身形晃动诱敌，刺探性出手佯攻，无实质性出力，都可以认为是不动。彼不动，己不动，是对手无实质性动，我也不真动。彼微动，己先动，是对手出现真动的苗头，我即予扼杀，动在人后，达在人先。两枪手拉开距离面对面决斗，高手为显自己的英勇气概，为显自己的技艺高超，完全可以表现出"彼不动，己不动；彼微动，己先动"的过程。对手不拔枪，高手绝不先拔枪，谓彼不动，己不动。对手先拔枪，高手的子弹却比对手早出膛，谓彼微动，己先动。彼不动，己不动，能取后发先至之效。彼微动，己先动，能取先发制人之效。推手较技通过走弧线来改变彼此身手间的距离，走弧线是根据对方的动态而粘连黏随不丢不顶，有什么样的动态，就会有相应的粘连黏随不丢不顶与之应合，谓彼不动，己不动。粘连黏随不丢不顶，对方就难受，难受到一定程度，就会被动或主动地爆发挣扎。借力打力是太极拳者的特长，对手被逼爆发是我方的预期，为我方借力打力提供了机会。我借彼爆发之机借力打之，谓彼微动，己先动。

平时推手练习的时候不主观，如浪中鱼，随波逐流静静地藏没于浪中，上波峰下波谷，不逆风浪盲动，借得水流遨游大江大海。紧逼跟随中探知对手的运动趋势，不逆势盲动，在对手运动趋势将起未起之际，着手控制、驾驭。过早，趋势未形成，动是盲动。过迟，趋势已成，无法驾驭，甚至无法抗衡。有能力的人，聪明的人，在社会竞争中不一定就是赢家。被命运抛向趋势中的人，却一定是赢家。在人强己弱的情况下，更是要如水渗流，随人不由己，不求胜人而人不能胜之。"势不可用尽，若用尽，祸一定来。"

2. 顺势为近，逆势为远

人往前冲，顺势加力，加快身体前冲速度，使前冲者脚的前冲跟不上身体的前冲，造成上下脱节。人往回退，紧随跟进紧逼，使回退者脚的后退跟不上身体后退速度，造成上身后仰，身体局部发硬或整体僵硬。顺势是在现成上稍加改造，顺势为就近。逆势为另起炉灶自作多情，逆势为求远。

3. 打劲为近，打招为远

打劲是挨何处何处发，只换劲不换手，这是就近。打招，需要换手变招，一换一变多个折腾就慢就远了。对方手推我胸部，我胸部迎上贴紧贴实，胸力对指力，以大对小，触手指串僵手腕锁死肘或肩。对方手抓握推揉我的前臂或上臂，我同样以臂迎上贴紧贴实，臂力对指力，以大对小，触手指串僵手腕锁死肘或肩。身体任何一点接触，都不要逃避，不要转换接触点，浑身是手不见手，就这一点贴紧贴实，不丢不顶粘连黏随。对乱推乱动身体乱挪，手滑闪得很快的情形，盯住一个触点是不可能完成的任务。这种情况，我可以用整个身躯就近迎上紧贴，身躯面积大，能够相对容易锁定逼死快速滑闪对方之手。

4. 小圈为近，大圈为远

化打一体，即化即打，为小圈，小圈为近。化打分离，化后再打为大圈，大圈为远。

5. 贴肉发力为近，隔空发力为远

要把一个站在对面的人推出去，没有经验的往往是两掌老早发力，长途跋涉，当掌到对方的胸部时，力已经不大了。有经验的人则是在两掌贴实对方胸部后，贴肉发力，也即是粘衣发力、零距离发力。触胸发力如此，触贴任何部位都一样，没有贴实贴紧逼死逼僵不枉发。

6. 触梢节为近，触根节为远

高手拿梢，平手拿根。推门框边沿转动门省力且容易，推门轴转动门费力，甚至不能使门转动。推手高手更喜欢触对方手之前节打击对手，这不但省力，且更容易起效果。直接触身躯打击对手，不但费力，还不容易起效果。从彼此间的距离来说，梢节距我也更近。

7. 简单为近，复杂为远

呼吸自然与呼吸配合拳势，前者为近。无招无式与每动作攻防想象，前者为近。形正气顺与刻意运气，前者为近。朝夕走架是为了劲力柔软乃至极柔软，神志上是为了洁静精微专注清醒，一念不生全体现。这过程中的衍生品，如气血充盈、呼吸深长等，随之而来无需专求，倘若气血拿来运，呼吸拿来管，则为远。有哲学背景的李小龙看问题比较透彻深刻，做事比较实用，它的"简单表达、简单技术、简单攻击、简单反击、简单防御、简单格挡、简单截击"均为近。

8. 过程为近，结果为远

过程就是当下，就是即时，当下的事为近。久练套路后会有得力感，得力感又称之为内劲。从虚领顶劲、含胸拔背、沉肩坠肘、气沉丹田等容易操作的内容入手，内劲会慢慢产生。求内劲的过程为近，得到内劲是结果是远。如果舍近求远，舍弃虚领顶劲、含胸拔背、沉肩坠肘、气沉丹田等过程直接去求内劲，永远求之不得。太极拳发劲之刹那间要做到"其根在脚，发于腿，主宰于腰，形于手指，由脚而腿而腰，总须完整一气"。发劲由脚而腿而腰而手，这是结果是远。如果一开始练发劲就直奔结果，强行由脚而腿而腰而手的操作，肯定得不到预期的结果。要得到这个结果，先有舍脚舍腿舍腰，不管这些部位的活动。这是近。太极拳里面有"东西"，久练后会发现这些"东西"，"东西"是结果是远。初学者不能直接去找"东西"，直接找"东西"，会没有"东西"。先要就近，先找些比较容易操作的内容练习，循序渐进。

9. 真实为近，玄虚为远

越是玄虚越是令人向往越有人要求学练，此类故事，上世纪70年代末全国气功热中，如雨后春笋般地发生过。之后，直至今天仍不时在中国大地发生，有普通民众，更有官员明星趋之若鹜。拳士多崇尚保守、隐居、不切磋、不交流，以闭塞信息的流通来维持神秘感。要让人无法猜透，因为摸不透，愈加神秘，所以就有了"深不可测"。手握玄虚，时能得名声得钱财得别人尊重甚至得权力。玄虚有如此好处，不管以教拳为生的还是以教拳为平台的，不乏有故意添油加醋弄虚作假者。普通太极拳爱好者可能根本不知道现在的太极拳已经被玄虚化，于是把一个虚假的太极拳当作真实，帮着去宣传它的玄虚。玄虚在众人的逐渐推动下变为"真理"，真实的被掩盖，虚假的则越来越大行其道。上世纪70年代末的"特异功能"在中国大地盲目狂热，正是"真实的被掩盖，玄虚的、虚假的则越来越大行其道"的真实写照。太极拳练有相当时日者，在身心方面仍达不到一些所谓名家所书所讲的，那么这个所书所讲十有八九是虚假不实的。所书所讲看起来有理，实际无法操作，或者即使能够勉强操作，却无实效无情趣，十有八九也是虚假不实的。要相信自己的判断和直觉，不做"皇帝新衣"的参与者。不是所有的练习者都会被蒙蔽，玄虚和虚假无法成为真理，可以被掩盖一时，被误判一时，但终究会回到正确的轨道上来。

10. 眼前为近，外地为远

一些拳友喜欢走南闯北，今天跟这位老师学，明天跟那位老师学，这无可厚非。但是，要防止"外地和尚会念经，菩萨灵远乡"的事发生在自己身上。眼前、身边、近的老师有诸多个长处，因朝夕相处，诸多个长处已熟视无睹。离得远的老师即使只有一个长处，因这个长处没见过，是新奇的，会误认为远的老师更有水平。上世纪90年代初，上海一拳迷几经周折找到我，要跟我学吴式推手。我跟他说，上海有我的师叔马岳梁老师，他的吴式推手功夫比我好多了，老师就在眼前，你何必舍近求远来临海浪费时间。但听不进去，硬是住我家半个月，平添许多麻烦。有拳友或电话或写信要我同意他们来临海学推手，我跟他们说，如果有出差的机会或做事要经过临海，顺便交流一下最理想，特意过来不值得。很多拳友不立足眼前、当地、当下，频繁地在全国跑来跑去，见异思迁，花费大量的时间和财力，醒悟到"舍近求远"不值得时，悔之晚矣。

11. 内求为近，外求为远

追求技击是练习太极拳术过程中的一个环节，人短暂的一生能够胜任比赛打擂的时日很短，成为第一，保持第一，难之又难。在追求第一的过程中，平时要与同伴竞争比技，"同伴压力"有时会压得人喘不过气来，对身心健康极为不利。果子从孕育到青涩到成熟，有一个过程，孕育的目的是为了成熟，但是，青涩这一过程是跳不过去的。年轻人接触太极拳后，因有拳技比赛，"同伴压力"是跳不过去的。我们在遇到"同伴压力"时，在遇到成长中的烦恼时，要看得远一点，超脱一点。过了短暂的身强力壮期，就要把注意力转移到健心健身上来，把离我们相对较远的对身外的索求看得淡一点，把离我们相对较近的对内心的索求看得重一些。从技术方面来讲也是如此，练习太极拳术更多的时日是内求，从外往里，从远往近，从身往心，不动气不管气不运气，不绞尽脑汁耗散精神气血，气定神闲。

一句"多误舍近求远"，不但可以指导练拳，还可以指导人生，很有智慧和哲理。舍近求远与舍远求近是反义词，又都是中性词。在生活中不是所有事情所有情况都是反对舍近求远，有许多事许多情况是特意舍近求远的，如四渡赤水、万里长征、游击战术等。是舍近求远还是舍远求近，要具体问题具体分析，不可一概而论。

（八）"我力在先""我意仍在先"

太极拳有"彼有力我亦有力，我力在先。彼无力我亦无力，我意仍在先"的论述。

"我力在先"，仅从字面上解释，是不通的。根据作用力与反作用力原理：一物体对另一物体有一作用力时，另一物体对此物体必有一反作用力。这两个力大小相等、方向相反、且分别作用在两个物体上。力永远是成对出现，两者总是同时存在，又同时消失。具体到推手对抗上，不管是你主动打我还是我主动打你，不管是你推我还是我推你，接触点上的力都是大小相等，同时存在同时消失，不分先后。所以，"我力在先"是不对的。虽然"我力在先"是不通不存在的，但推手中确有"我力在先"的感觉和体验：两力相触，低水平者动还是不动都站不稳，好像每动前面都有力在等着，低水平者总是落后半拍，总是陷入对方事先设下的陷阱，高水平者的"力总是在先"。

这是怎么造成的呢？

"我力在先"不是我力先到，谁的力都无法先到，它的真实意思是两个字，主动。主动在操作上就是抢先动作，"我力在先"换言之就是抢先动作。太极拳术的抢先动作与他术的抢先动作不同。他术的抢先动作大多是实打实来真的，太极拳术的抢先动作多是避实就虚。当对手空虚无力时，无须等待，主动直接进击，这与他术无异。当对手正处进攻风头或实力超我或实力相当或情况不明时，我可以身退手不退，手大胆迎伸接触，行侵略性压迫性试探或防守。蛇进攻的时候，头进，身体还可甩抽。我手大胆迎伸绵软着抢上，如蛇行，拳掌如蛇头可击打，手臂如蛇身可甩抽，拖泥带水推打结合不空回。在将触未触或稍触之时，手绵绵地软着落，不要硬碰，以慢中快的惰性力量抢先顺着对手势头或走大弧线或走小弧线，改变对方接触点上力的方向。接触点大多是手，手上力的方向被改变，手的运动方向随着就被改变，手后面的身体却因惯性仍按原先的运动趋势运动。手往东身往西，手走身不来，身手运动不一致，肢体发生扭曲，有力就用不出，要快就快不起来，还会站不稳。这与行进中的列车，头出轨，后面车厢必倾覆相似。我手大胆迎伸接触试探和防守，动作幅度小，死缠烂打，攻防一体，防守面大，反击转换快，保险系数高。不像非接触性试探和防守那样，要身形躲闪，要动作快疾，要具备超强的体能素质。手上没有足够好的听力，接触性试探和防守是不能去做的，也是很难做成的。

抢先动作，不等于我一出手就全力以赴拿出全部家当以实力相见，而是避实就虚，避开对方的优势，在对方的薄弱环节处，在对方处薄弱环节时进击。有时，需要几个"避实"来回折腾，才能制造出"就虚"的机会。有时，我大手一挥，发力无断续，前半程是"避实"，后半程是"就虚"，一次搞定。抢先动作后，对方手的运动方向被改变，身体并不一定立即就"倾覆"，这个时候要等了。舍己从人，或敷或盖或对或吞，静观其变，在对手的肢体不一致达最大，身形最扭曲时，我或顺势顺力加力，或顺势逆力加力，给予打击。

"彼有力我亦有力"是对的，不但彼有力我亦有力，彼力和我力大小还相等。可是两个问题出来了。一是，等大的力相互作用，这不成了双重了吗？所谓双重，是双方都稳稳地顶着相持不动。如果，等大的相互作用力作用到彼身上时，触到了根上，动摇到根上，不稳不得劲，没有了硬顶的机会，没有了相持不动的机会，而之于我则得力得劲稳如泰山，不算双重。是否双重，不在彼此受到的力大小相同，而在于有无硬顶相持。二是，对方是个大力士，而我小胳膊细腿的，接触点两力大小相等，我拿得出这么大的力来吗？可能一半的力或三分之一的力都拿不出来。那怎么办呢？抢先做动作避实就虚，走恰到好处的弧线，不让对方的大力出来，对方出的力被控制在我所能承受的范围内。所谓小力打大力，四两拨千斤，其实质是小力打小力，四两对四两，只不过是先不让对方的大力出来，不让对方的千斤出来，只有在"倾覆"的时候才让它出来。借力打力，借彼力打彼自己。

"彼无力我亦无力，我意仍在先"，这句话在物理力学上是没有问题的。力永远是成对出现，彼无力，我当然亦是无力，单方不存在力的作用。"意仍在先"显然也是主动，也是抢先动作。在动急则急应，动缓则缓随的推手对抗中，双方的劲力时大时小，时紧时松，忽隐忽现，难免会出现丢顶。彼双手疲软无力粘不住，丢了，我若仍一厢情愿地硬要去和彼连随，是连不住随不上的，纵然表面上手手仍相贴触，然已是徒有形式而已，如此空推已毫无技击意义。彼无力非作用力一定为零，我用意不用力也不是绝对不用力，是意到气到力到，力度很小，恰到好处，起协助意念笼罩对方的作用。在彼双手疲软小力之际，我身形一紧给彼或磕或震或挫或采，彼受冷脆之劲的刺激，身体紧张产生抵抗力，暴露出薄弱环节。若或磕或震或挫或采无效，可用力的作用时间长的长劲，以相当大的冲量，直接触身实施抛掷发放。有时彼虽手上丢了，但身法不乱仍安排得很好，用长劲推不动，推不远，逢丢必打，我可改为近身用沉闷寸劲击打。太极拳在搏击时，大多推在前，打在后，推更多地是搞破坏，击打才是最后解决战斗。

太极拳术立足自身是弱者，练习方法、要求，以及运用都是围绕自身是一个弱者展开。太极拳术的抢先大多是假打，避实就虚，后发制人是真的。在广袤的沙漠中，骆驼的天敌只有狼。骆驼肯定不是狼的对手，不过，骆驼却另有绝招。每当骆驼与狼相遇，狼总是急切地发起进攻，企图速战速决。骆驼从不仓促应战，常常是吼叫一声，便撒开四蹄狂奔起来。狼不肯放弃就要到嘴的美味，拼命追赶。开始的奔跑速度，骆驼不如狼，但跑着跑着，狼就慢下来了。骆驼见状便主动放慢速度，给狼一点希望。狼果然中计，继续用力追赶，骆驼就继续逃跑，装出一副精疲力竭的样子，而实际上真正精疲力竭的却是狼。骆驼一点一点地把狼引向无水无食的大漠深处。狼用完最后一点力气，四肢发软，口吐白沫，很快就呜呼了。而此刻，骆驼的力气还足着呢。骆驼不是把狼打垮的，而是用耐力和智慧把狼拖垮的。不管你打我还是我打你，不管谁先出手，因有"我力在先""我意仍在先"，相触后都是你不稳我稳。既然如此，何不把快、把用力、把主动出击、把消耗体能让给对方，避实就虚，后发制人，拖垮对手。

说要避实就虚，也有说要打实不打虚，两说要打架。是避实就虚呢还是要打实不打虚呢？避实就虚与打实不打虚，从字面上看是矛盾的，意思却是相同的。避实就虚里的"实"和"虚"与打实不打虚里的"实"和"虚"不是一回事，避实就虚里的"实"正是打实不打虚里的"虚"，避实就虚里的"虚"正是打实不打虚里的"实"。是虚？是实？不同的场景不同的角度有不同的解读和含义，在这个场景、角度是这个意思，在那个场景、角度是那个意思，不同的场景、角度，意思有时是相反的，无须在字面上钻牛角尖。

（九）立足散手

推揉型技击术如太极拳推手、柔道、摔跤等，以移动对方身体，破坏重心稳定，控制关节使其失去平衡倒地为要求。对抗时肢体紧密接触，接触作用力、作用时间相对长。

击打型技击术如拳击、散手等，主要以击打的方式伤害对方。对抗时肢体相互接触的时间短，接触作用力、作用时间相对短。

不管是推揉型还是击打型，体重大胜算大。相较而言，推揉型对抗较之击打型对抗，体重对胜负的影响更大，因为相同条件，体重越大，稳定力矩越大，更易显优越。击打型对抗较之推揉型对抗，体重对胜负的影响要小些，因为相同条件下，体重越小，移动穿插能力越强，体重优势之于击打稍难显优越。

刘习文先生在《谈谈我所知道的杨派太极拳》一文中写道："吾师言，同为推手，澄甫、少侯风格各异：'杨澄甫体格魁伟，教学规范，推手多四正手，长劲拉放，无劲不推，著名的杨氏大捋，肩背靠人劲道雄浑，腰腿部尤见功力；杨少侯身体清癯适中，步法快捷紧凑，手法轻灵奇巧，发劲刚脆，常掤捋采列混用，跌打摔拿并施，不拘常规。'吾师溲瘦小，身高仅一米六七，少侯常对其言，'你那个头，学老三（指杨澄甫）那套不成。……虽说太极拳以柔克刚，以弱制强之技，但拳不打力，力不欺功，功夫相等者，身高力大沾光。要不被人制须侧身移步与之穿插游走。'"这段话表明，体重小者若要战胜体重大者，或不被体重大者所制，侧身移步与之穿插游走，不失为一种理想的选择。

以李小龙这样小的体重，要在太极拳推手、柔道、摔跤、相扑中战胜大体重者是很困难的，但在散手时，他却能做到。散手比赛，KO 对手几乎都是通过击打来实现的，少见有通过推和发放来实现的。伤其十指不如断其一指，推揉大多是"伤其十指"，击打大多是"断其一指"。百法打为上。

以小胜大，以弱胜强，四两拨千斤的实现，体重小者要打败体重大者，击打这个形式不失为一种好的选择。

实战时，推、发几无用武之地。1954 年，吴式太极拳宗师吴鉴泉的儿子、54 岁的吴公仪，与香港拳击冠军、白鹤拳掌门、37 岁的陈克夫立下生死文书，在澳门决斗。在一般人的眼里，太极拳内涵丰富极具讲究，白鹤拳掌门又精通拳击，生死决斗一定精彩纷呈。但是，事实并非如此。

生死决斗也是靠本能反应，两位对决其场面与常人对搏无异，"毫无章法"，"乱打"。推、发、掤、捋、挤、按、采、挒、肘、靠、招着、花哨的东西统统不见了。双方不戴拳套，吴公仪拳头碰到陈克夫的鼻子血就不停地流，不需要太大的击打力量。散手的一拳一腿是平时所有训练如拳术、跳绳、耐力跑、冲刺跑、单操等等的综合与浓缩。平时所练，战时不一定都原封不动地搬上来用，把套路、跳绳搬上来有什么用？把慢悠悠的太极拳走架中的招式搬上来有什么用？把平时练的各种元素浓缩形成自己的东西，形成本能，最后仅就一拳一腿。练十用一，不能把平时练的十样东西都搬出来用，平时练十，用的时候没有那么多。平时很多的基本力量训练，是为专项力量充分发挥服务。郭云深一个半步崩拳打天下，这绝不是平时只练一个半步崩拳所能取得的成就。跳高越是轻盈越是向上弹跳得高，但平时却要练好像与轻盈与向上跳无关的举重、水平方向跑步，这都是为最后的一跳服务。太极拳的套路、推手划圈、推手散推、断手、单操都是基本功，是体，散手是用。

这不是说平日练习的走架、推手就没有用，问题在于练习的时候是怎样的一个指导思想和如何的练习。

套路练习对击打有何贡献呢？

套路练习对击打的主要贡献是劲力柔软，劲力柔软是实现"不丢不顶粘连黏随"的必备条件，不丢不顶是实现"挨何处何处发"功能的必备条件，挨何处何处发的潜台词是，舍己从人、心无定见、无招无式随感而发。套路练习用意不用力，匀缓连绵，运劲如抽丝等，能起到劲力柔软的作用。假借套路中的一招一式，在伸缩往来进退旋转中，探手出腿含蓄而有听力，以待其触，以养成不主观、舍己从人、心无定见的习惯。

配合性的推手练习对击打有何贡献呢？

配合性的推手练习对击打的主要贡献是获得不丢不顶粘连黏随的太极拳的核心技术。有了这项技术，就能在击打过程中手不空回，在肢体相碰时不脱离随即做偏转攻击，防御与反击合二为一，防即是打，打即是防，且破坏对方重心的稳定。不丢不顶粘连黏随的操习，唯双方配合、练劲不练招、双赢。

时而分开时而缠抱，推、打、摔结合，以打、摔为主，打有限制的断手练习，对击打有何贡献呢？

　　练武术有年却无散手练习者，打不过街头小混混，实战时感觉用不出力来是正常现象。用不出力就意味着平时所练与实战还有距离，还缺少某个练习环节。平时练习发力、单操，虎虎生风威猛异常，用力顺畅淋漓尽致，那是因为发力时肢体有充分的由曲转直的过程，由足而腿而腰而肩而肘而腕充分舒展释放弹力。而实战时，对手截我的拳腿于半道，拳打半势，或因双方身体间距离的瞬间变化，不让我有由曲转直的机会或过程，就像绳索束缚住手脚，有力使不上，这是距离惹的。角度也一样，在某个角度，用力顺畅无滞，在另一个角度，可能不但用不出力，还容易在发力时自伤，这是角度惹的。你出拳我出拳，你曲我直，我顺你逆，拳打半势，你发不出力，我能发出力，你打中我没有效果，我打中你起作用。散手的胜负，很大程度上取决于距离和角度的把控能力，断手练习能在相当程度上解决散手击打时的距离、角度控制问题。

　　散手过程很激烈，通过身体运动幅度很大的闪展腾挪进攻或防守虽有效，但费力。设想，如果我两手能练成为"两根弹簧"，有"听力"，具有"慢中快的惰性力"和"挨何处何处发"的能力，并强化使之形成本能，那么，我就可以变成"傻瓜"，"等"人来碰，或挥舞"两根弹簧"大胆冲锋陷阵。有推手练习程序的练家，敢于短兵相接，手不空回，破坏性压迫性防守，相碰时不脱离随即做偏转攻击，操作起来更自然本能。虽散手中肢体相互接触时间短，短暂的黏随虽不足以起到直接的技击作用，但却足以起到相当程度的破坏对方重心稳定，迫其难以快速和有效的组织下一动的作用。平时练就的不丢不顶，是为了散手时的又丢又顶，丢就丢得彻底，顶就顶在人前。"逢丢必打"，散手双方绝大多数时间是处于"丢"的状态，以推和发的形式对散手，是君子对小人，自讨没趣，自取其辱。必须以击打对击打，在击打中发挥不丢不顶的作用。全放开的散手比赛，击打都跟不上，更何况推了，推的速度在散手时太慢，很少有推的机会，用不上，不要为推而推，被推所误。种种单操发力在散手时有很多也是用不上的，不要为发而发，被发所误。平时练的长劲、短劲、整劲、飘劲、抖弹劲、爆炸劲各关节发劲，根据各人自身情况，用时可能就表现在一个直拳或一个摆拳或一个勾拳或一个鞭拳上，可用之技数招而已。各种快如闪电的腿法、拳法要娴熟，要花相当的时间每天操练。大多太极拳爱好者把时间和精力花在走架、推手及如何发力上，对一拳一腿的操练不多，这是被推手中的"推"字所误，对击打不够重视造成的。太极拳术要战胜对手，不要老想着怎么推人家发人家，推、发练习最终都是为了击打。击打最本能最方便最容易最具杀伤力。

有的人说摔跤最实用，有的人说擒拿最实用。摔跤、擒拿大多是两只手对一个人，拳打脚踢是一手对一个人，它更容易实现以一对多，它的动作也更简单直接，百法打为上。

（十）"刹车力"

"刹车力"是形意拳首先提出的，在前行时脚要做到"前踩后蹬"，"脚打踩意不落空"。后脚的蹬力使身体重心整体前移，拳掌前伸发力，前脚落地后踩力制动，身体前行速度减少或停止前行或沿反方向运动。

武术技击术是相通的，"刹车力"非形意拳专利，凡拳掌向前发力，不管知道不知道，有意无意，必然伴随有身体前行速度减少或停止前行或沿反方向运动现象的发生。我们发一个直拳，发拳的同时，拳往前走，腰却是往后弩。发一个左摆拳，拳往右走，腰却是往左弩。发一个上勾拳，拳往上走，腰却是往下弩。拳的运动方向总是与腰的运动方向相反，形成对拉对拔态势。形意拳、陈式太极拳发力明显，当拳掌发力时，身体有一个反弹抖动，这是拳掌运动方向与身体运动方向相反形成的现象。类似现象司空见惯：炮弹向前飞，炮身却往后坐；火箭往上升，火焰却往下喷，等等。

拳击出时，身体自然有与拳相反运动的部分，而拳家又有故意加强相反部分运动的意识和行为，加强"刹车"现象，这自有其道理。为方便把"刹车力"产生的现象讲清楚，我们去除复杂因素，力求简单明了，建立一个理想的模型：两足平行站立，定步发拳，人体重心不发生前后移动，足与地面摩擦力为零；拳质量为 m，前击时的运动速度为 v；除拳之外的人体质量为 M，且集中在躯干部，人的速度为 V。一拳向前爆发击出，根据动量守恒定律，有 $0=MV+mv$，即 $MV=-mv$。可以看到："−"表示拳的运动方向与身体的运动方向相反，拳向前运动，身体却向后运动；人体质量是拳的几倍，拳的速度就是人体速度的几倍，因人体的质量远远大于拳的质量，所以，人体的后移速度远远小于拳向前的速度。一个发拳，我们只看到"拳似流星"，却没有看清身体有个小小的后移。眼见不一定为实，身体并非"纹丝不动"。

　　为提高发力速度，不但武术发力需要"刹车力"，体育运动中也是司空见惯。投掷标枪，标枪出手瞬间，前脚踩地制动，身体前行速度减少或停止前行，标枪脱手时的速度远远大于手的速度。标枪未脱离手之前，它的速度与人体运动速度相同，如果标枪一直不脱手不离开身体，标枪就得不到远远大于身体大于手运动速度的速度。标枪要想得到高速，必须与手分离独自飞出。流星锤的速度远远大于刀枪剑棍的速度，是因为锤与手之间由柔软的绳子连接。我们发拳，拳虽然不能与手臂真正分离，但也要尽可能地使"拳身分离"，要努力去做。没练过武术的常人，手臂像硬棒，手臂与身体不能"分开"，出拳僵硬拖泥带水，拳、臂、身互相拉扯内耗。为尽可能"拳身分离"，太极拳的沉肩坠肘能够帮助手臂放松，使其成为"软绳"，以利单操练习时拳"离开"身体"独自"高速飞出。

　　要想拳速快，在技术上，一是"拳身分离"，二是"刹车力"制动。身体随拳的发出全身跃起扑上，不管不顾不做反方向的运动，一是很难主宰接下来的运动，二是拳速慢力量小。

　　匀缓连绵不施爆发力的太极拳套路练习，有充足的时间体验、操作虚领顶劲、含胸拔背、腰部后撑。虽然它不同于形意拳的前脚"刹车"制动，但却配合、迎合了身体后移后靠的需要，是不同形式的"刹车"制动，异曲同工。单操发力结合虚领顶劲、含胸拔背、腰部后撑，力由脊发的感觉就会明显起来。力由脊发是"刹车"制动过程的必有感觉。在太极拳套路、单操、推手、断手、散手技击体系中，套路是最基础的练习，目的之一是练熟虚领顶劲、含胸拔背、沉肩坠肘、气沉丹田等身法。匀缓连绵不施爆发力的运动方式，对练熟招法几乎无效，招法应该在单操里发力快练，在套路里一厢情愿地做攻防想象，不在练熟身法上做功课，会得不偿失。

有经验的拳手往往会运用退步断打给对手致命一击。当对手冲过来，我身退手不退，发拳迎上。退步断打之所以威力大，一是身手反向运动形成刹车力，身体反向移动速度大，拳速也大。二是恰到好处的退步幅度，拳头与被打击对象的距离刚好能让发力淋漓尽致。三是对手冲力与我拳之迎击力相向。

击出一拳，完整的过程是，移动身体重心发拳，刹车力主宰身体运动，帮助发出大力大速，在拳头击中对手的瞬间，全体拥上把整个体重和全部肌肉力量集中到拳头上。看这击拳过程，后脚好像有二次前蹬发力过程："移动身体重心发拳"，为第一次蹬地发力。"全体拥上把整个体重和全部肌肉力量集中到拳头上"，为第二次蹬地发力。故拳界又有二次发力之说。移动身体重心，身体在前行过程中很多情况是不用前脚刹车的，因为很多情况是手着人但前脚还没落地，如果是起腿攻击，所谓的前脚刹车更是无从谈起。更多的情况是虚领顶劲、含胸拔背、气沉丹田等反方向抗争过程代替前脚刹车。刹车效应能产生慢中快的惰性力量。所谓慢中快的惰性力，慢是一种感觉，是部分身体进行与进击方向相反的操作时所形成的沉稳滞重感，快是进击速度。慢中有快，快中有慢，慢快结合，使发力又大又快，身体又稳当。"在拳头击中对手的瞬间，全体拥上把整个体重和全部肌肉力量集中到拳头上"，这时，后脚仍在延续蹬地发力或悬空不再触地发力，即使延续蹬地发力，力也发不大了，因此时身体由曲转直，基本释放完了弹力。说二次发力，其实是一种感觉或者说错觉，是一气呵成的延续蹬地发力，不是真的后脚二次蹬地发力。抓逃犯的时候，就一步之遥的情况，全身扑上，能十分有效地把逃犯扑倒。这种情况的发力，后脚就只蹬地一次，为一次发力。抓逃犯的一次蹬地发力与有刹车力的一次蹬地发力有区别。前者要的是体重力和身体速度，是全力以赴，与逃犯捆绑在一起，双双倒地，是"一次性消费"。后者要的是拳头的速度和力量，及保持连续进攻和防守的能力，是"可持续发展"。

练时有刹车意有刹车力，用时却要忘却刹车意刹车力，凭本能有感而发。刻意去管去为，身体会呆滞不灵。肌肉是有记忆的，它已经在你的行为中，管多了就慢。散手时如果还老是想着做平时练的刹车力，为刹而刹真把自己刹住，外观就显得笨拙，打不到人打不重人，打不出"进步如风吹鹅毛，退步如流水寻缝"的灵动来。拳似流星，流星何其快，拳似发弹，子弹何其快，在这么快的出拳中，后脚有蹬力，前行中又要有刹车力，要靠平时多练，找到矛盾过程中的最佳平衡点。

刹车力不但是为了加强抗争力、矛盾力、主宰力，使拳速快，也是为了应合人体运动力学平衡的需要。在日常生活中，当人要向后失重时，双手会自然往前甩伸，反之，当人要向前失重时，双手会往后甩伸。这样做是出于本能，是人体平衡的主动恢复，它能改变人体质量分布，使重心投影点保持在支撑面内。这种自然的"是对称的，有上即有下，有前即有后，有左即有右。如意要向上，即寓下意，意要向下，即寓上意，前后左右，皆是如此"的折叠过程，是人体一种自然的平衡、补偿行为。如，太极拳起势，双手往前伸提，身体同时微往后靠。又如，提手上势、肘底捶，双手往前伸，腰部往后撑，身体微往后靠。目的是让人体重心投影点仍保持在支撑面中部，保持立身中正安舒、八面支撑的身形。做起势、提手上势、肘底捶之类，重心随着手的前伸要往前移的时候，初学者往往会用挺腹仰腰、上身往后仰来调节人体质量分布，以期达到人体重心投影点仍保持在支撑面中部的目的，这是不对的，要注意不让它发生。当人体重心移动要出现偏离拳术要求的支撑点时，不要试图靠左右弯斜、前俯后仰来改变人体质量分布，必须在立身中正安舒的前提下调节、补偿。为了在立身中正的前提下人体重心投影点仍保持在支撑面中的某一点，拳式的设计往往也会考虑到对称平衡的问题。明显的如杨式单鞭，推手在前，钩手在后，对拉对抗，平衡补偿。如吴式野马分鬃，一手往右，一手往左，对拉对抗，平衡补偿。

（十一）近身与发力

1. 近身

李小龙说："我的全部武功精粹就是两点，近身与发力。"发力能否取得预期效果，力量、速度、打击部位、发力距离等为至要，其中的发力距离为重中之重。发力距离过远，打到的时候，对方受力不大，徒有力量和速度。发力距离过近，发不出大力，空有一身力量。对搏双方都处于快速移动状态，为了创造一个最佳的发力距离，有时要向前贴近对手，有时要向后离开对手。看李小龙的打斗视频，有进有退，时而贴近对手，时而远离对手，目的之一就是为了创造一个最佳的发力距离。李小龙这里讲的近身，不纯粹是向前贴近对手，而是通过恰到好处的进或退，创造一个合适的距离，使击中对手的时候发力淋漓尽致。近身技术差，即使击中，发力也不大，有惊无恐。

推手较技也有创造合适距离的问题，借用李小龙的话来说，也有近身的问题。散手的近身过程是非接触性的，推手的近身过程却是接触性的，是在肢体相互接触中完成近身。为了创造出一个最能用出力的距离，有时需要进半步或者一两步，有时需要主动退半步或者一两步。不管是进还是退，都至少有一个接触点粘连着。这个接触点可能是手，可能是身体，可能是腿，最多的是手。它不空走，贴实抵紧，用力无断续，持续施力逼迫对手，改变对手运动状态，创造合适的发力距离。粘连黏随中，感觉自己最能用出力，而对手最不能用出力的时候，发出大力进攻。

不管是散手的非接触性近身，还是推手的接触性近身，是进攻还是防守，不从表象上的进或退为论。

2. 发力

发力主要分非接触性的击打发力和接触性的推撞发力两种，散手的发力主要是非接触性的击打发力，推手发力主要是接触性的推撞发力。非接触性的击打发力又有远距离发力与近距离发力之别。接触性的推撞发力又有力作用时间长和力作用时间短之别。情况不同，发力机理也不尽相同。

（1）"其根在脚，发于腿，主宰于腰，形于手指"

人体运动是在神经系统的支配下，以肌肉收缩、韧带拉伸为动力，以骨骼为杠杆，以关节为枢纽完成的。肢体伸缩发生弹性形变，释放弹力。骨骼不会产生力量，也不会发生伸缩，伸缩只能发生在关节处，其中的膝、髋、肩、肘、腕关节伸缩幅度最大且灵活。一拳击出，腿、手伸缩幅度最大，对发力的贡献也最大。

构成脊柱的七节颈椎、十二节胸椎、五节腰椎及融合成一节的骶椎与尾椎，骨节之间节距短，伸缩幅度有限。由于节距短，它们的优势是稳定性固定性好，支撑作用突出。它们对发力的贡献相对于腿、手要小。这类似于肩挑重物，行走时腿脚有大幅度伸缩，发力主要在腿，脊柱各节伸缩度十分有限，主要起支撑、稳定作用。

"其根在脚，发于腿，主宰于腰，形于手指"，是对发力瞬间的描述，道明腿、腰、手三者在发力时各自的主要贡献。"发于腿"指出，膝关节、髋关节伸缩幅度很大，对发力的贡献最大。"形于手指"指出，全身所发之力是在拳掌上表现出来，其实，这还不够，如果加上"力发于手"那就更完美了。这是因为肩关节、肘关节伸缩幅度很大，腕关节很灵活，对发力的贡献不亚于腿。如寸劲的发力关键在抖腕、紧拳，鞭击力、弹击力，发力关键都在手。腿蹬地发力，拳头击中目标的瞬间，如果不考虑自身体重，相关关节所承受到压力相等，这意味着脚蹬地的力和拳面受到的力大小是相等的。在由脚至腰至肩至拳面这么长的力的通道上，如果它的中段不够稳定、坚固，就有可能力从中段折断，使达拳面的力不够大，中段是中流砥柱，承上启下。这个中段就是人体最为粗壮有力，由脊柱构成的躯干。而其中的腰因相对活络，力最有可能因它的疲软而从此折断，腰尤其要坚固稳定，"主宰于腰"名符其实。

自脚至腰至手全体都参与发力，各司其职，手脚主司发力，腰脊主司主宰。腰部是力量通道的中段，主要起支撑、支持、主宰、协调全身运动的作用，使用的频率最高，要注意减少无效晃动。脊背部主要主宰手的发力，辅助腰部的工作。

平时发力练习，虽然有"其根在脚，发于腿，主宰于腰，形于手指，由脚而腿而腰，总须完整一气"的要求，但练习的时候不能由脚而腿而腰而肩而手一个关节一个关节的去想，发力很快，你没有想完它就完成了。对于有"立身中正""支撑八面"要求的太极拳术，发力的时候只管伸缩幅度大的手和脚，少管或不管伸缩幅度不大的腰脊。把手脚安排好，让腰脊慢慢去适应手脚的发力操作。拳打千遍其理自现，把腰脊的支撑、支持、主宰、协调作用交给时间，让时间来磨合手脚与它们的关系，多管反而碍手碍脚于事无补。

(2) 对拉对争发力

　　要使击拳发力又大又快，必须要有与拳头发力方向相反的对拉对争运动，承担这种运动的主要部位是躯干。躯干的这种运动和作用常被称之为"主宰""刹车力""中定力"。击出一拳，拳头往前走，脊背往后拉，形成对拉对争之劲。长途跋涉的挥拳踢腿，拳和腿的运动幅度很大，腰脊的运动幅度相对很小，这个过程明显了拳腿的运动感觉，冲淡了腰脊的运动感觉，让人有明显的力发于腿发于手的体验。有种形式的发力，正好相反。这种发力，一手往前用力，另一手必往后用力，一手向上用力，另一手必往下用力，一手往左用力，另一手必往右用力，等等，手脚运动幅度不大，非常对称。甚者，全身整体外争，爆炸发力，手脚运动幅度更小，更加对称。这个过程明显了腰脊的运动感觉，冲淡了手脚的运动感觉，让人产生"力由脊发"的错觉，"力由脊发"是感觉，不全是事实。

　　力大势猛身稳劲整的爆炸发力，是明显的对称发力。长途跋涉的挥拳踢腿，身形飘忽、随遇平衡的发力，是不明显的对称发力。前者肢体表现出了明显的对称对争过程，后者拳脚与腰脊与体重表现出了隐含的对称对争过程，实质一样，都是对称发力。前者在近身零距离发力时，全身爆炸，整体外争，接触点有切、碾、挤压等表现，尤显威力，但在自由搏击时成功率低。力大势猛身稳劲整的发力要练，身形飘忽、随遇平衡、打远打快的发力更要重点练，站着要练，前行着要练，倒退着要练，跑着也要练。自由搏击最需要的是身形飘忽、随遇平衡、打远打快的发力，最需要的是拳与脊背、腰部、体重对拉对争的发力。这种形式的发力，给人一种出拳灵动快速、身躯稳重滞后的美感。

(3) 击撞力和鞭击力

　　就拳打而言，典型的、代表性的发力主要有两种：击撞力和鞭击力。

　　击撞力，击、撞兼而有之，发力距离远，击中目标后仍不失脚的蹬力，因而，力的作用时间相对长，虽然拳头的动量不是最大，整体的动量却很大，容易引起目标深层伤害，"痛心切骨"。鞭击力，以击弹为主，拳速最快，拳头的动量最大，发力距离最远，击中目标后浅层伤害，"皮开肉绽"。是造成深层伤害，还是造成浅层伤害，主要由力的作用时间长短决定，而力的作用时间长短又主要由力的柔韧程度决定。十分能量，如果全部转给骨头，会引起骨折，如果一半给骨头，一半给骨头周围组织及内脏，会引起骨头周围及内脏疼痛。刚性力、作用时间短的力产生的伤害如前，柔性力、作用时间长的力产生的伤害如后。两种发力各有千秋。石板压肚，铁锤砸下，石板开裂，肚皮几无感觉，这是由于铁锤砸下硬碰硬，铁锤所带的能量在极短的时间里全部传递给石板，几无能量传给肚皮。拳击致击打部位骨折常是受这种力的作用，拳头将所带能量在极短时间内大多传递给骨头。石板压肚，再站上人，肚皮就有感觉，这是由于人站上后力的作用时间很长。拳击致击打部位及周围一片区域甚至内脏疼痛是受这种力的作用，拳头在一个相对长的时间里将所带能量渗透到更深层。

鞭击力最容易练出寸劲，因为寸劲有一个抖腕过程，而几乎每个鞭击发力都有一个抖腕过程。发寸劲不以距离长短为论，可短距离发，也可长距离发，不管是短距离还是长距离，都是距目标10厘米左右时抖腕。还可零距离发，如切膜、钻碾。鞭击力相对打击手法多，打击面广。肌肉具有明显的时间效应，收缩时间越长，收缩力与速度就会越降低，鞭击力肌肉收缩时间相对短，最不容易产生疲劳。击撞力肌肉收缩时间相对长，最容易发生疲劳。假如击撞发力一次能发50下，则鞭击发力不止此数。

（4）推力、发放力、靠力等实用性不强

放开来搏击，推力、发放力几无用武之地。这是因为，推力、发放力在使用时受身体姿势限制很大，如发放力往往是两手同时上阵，风险很大，发力准备的时间也长，对手容易避开。纵然发挥出作用，对手最多是跳几下或在地上打个滚儿，站稳了，爬起来了，还和你干。又，对手在身体面面相对且没有移动或移动很慢，发放力才可能奏效，而这种情况在激烈的散手对抗中很少会有。在闪展腾挪激烈的散手对抗环境下，胸靠、背靠发力，不但成功率低，危险性也很大，实用性差。在激烈的自由搏击赛场上，爆炸力、推力、发放力、胸靠、背靠发力都少有市场。伤其十指，不如断其一指，拳打足踢才能KO对手。拳打脚踢大多是单手单脚出击，"拳似流星""发如弹"，速度快，施展的机会多且方便。面对快速移动的目标，以击打对击打，不能以推、发、靠对击打。发力练习的重点在拳打足踢，不是推、发、靠。

(5) 太极拳套路、推手练习与发力

太极拳套路及推手练习，虽然没有拳打足踢的发力，但却有助于身体的放松及培养出好的手感。搏击时尽管推力、发放力、靠力会受到很大的限制，但因手感好，手之前节有力，身手有听力，敢于接触，有助于近身，触碰中能或多或少破坏对手的稳定，使对手快不起来，大力用不出来，为己方的击打创造机会。期望推力、发放力、靠力用于搏击，这是不现实的。"为推而推"必将"被推所误"，推赢不算赢，打赢才算赢。太极拳术的搏击功能，主要在推手、断手、单操发力里找，并不在套路里。

杨、吴、武、孙式太极拳套路练习时，匀缓连绵不发力，发力放在单操里练，套路、发力两者分开。单操发力博采众长，爆炸力、击撞力、鞭击力、抖弹力等都可以兼练。搏击的时候，根据彼此距离的远近，不用刻意准备要发什么力，远发远的力，近发近的力，随意一击，是什么力就是什么力。推手、断手练习，有助于近身，拳打足踢的发力解决战斗。

（十二）三年把式一年跤，太极十年不出门

从民国时期全国、省各场次搏击比赛的情况来看，练习拳击、摔跤的选手即使练的时间不长，也往往占据前几名，太极拳选手很少能有名次，太极拳名家名手也不例外。有一句武术谚语："三年把式一年跤，太极十年不出门。"把式一般是指具有攻防意思的招式及单操，习练的时候均要发力。跤、把式、太极三者相较而言，获得实战能力最快的依次是跤、把式、太极。

拳击十分强调体能训练，拳法主要是直拳、勾拳、摆拳，简单实用，三拳练习纯熟，组合起来。摔跤也十分重视体能训练，别、拐、挑、勾、插精妙。拳击、摔跤练习很大一块就是直接对抗，一开始就直接对抗，在严酷的直接对抗中成长。这种训练模式即使练得不精，也能用得上。传统太极拳练习过程繁琐冗长，站桩、套路、单推手、双推手、散推手、断手，最后才是散手。用意不用力的站桩、套路练习，配合性的推手练习，

让人十分地舒服惬意。安逸、舒服、惬意、和平共处，久而久之，不会再有斗志，勉强上擂，难有作为。取出套路中具有攻防意思的招式或单操一个人反复发力练习，再讲手对练见招拆招，这基本上还是停留在"一厢情愿"的"对练套路"模式里。这种程序化的"套路"练习，少有真正的直接对抗，如果练得不精，几无用场。

太极拳练习一定得花很长时间后才能上擂台吗？如果按照站桩、套路、单推手、双推手、散推手、断手，最后才散手的老套程序按部就班地练习，确实是有问题的。如果一定要运用纯粹的太极功夫搏击，确实是有问题的。太极拳术要在短时间内学以致用，它的练习程序、内容、方法不能走老路，要做改正。解放思想，破除迷信，不死抱"正宗"，"正宗"会严重固化该项技术的练习程序、内容、方法、功能。一胆二力三技巧，胆、力、技巧三管齐下，问题就解决了。

重视体能训练。力量、速度、柔软、硬度、耐力都要练，不要怕练硬练死了。用意不用力的太极拳套路练习和配合性的太极拳推手练习能有效地帮助消除僵硬，大力才可能得大劲。大力大劲才有杀伤力。

摒弃"固定招法"。李小龙可谓是杂家，摔跤、柔道、空手道、泰拳、拳击等等无不涉及、学习、吸收、借鉴，到头来总结出要无招无式，创立截拳道。王芗斋从学形意拳开始，形意拳是有套路的，到头来总结出要摒弃"套路"和"固定招法"，"拳术锻炼如果只着眼于技击的技术和技巧，只偏于某一姿势或某一招式的刻板方法，就会背离拳术的总体要求"。这是实践出真知。李小龙和王芗斋在他们的练习中都有推手或类似推手的内容，有了推手的内容，就会有"挨何处何处发"的能力，这种能力是攻防一体、化打一体，手感好，攻防、化打不分家。截拳道是一种理念，不是一种拳术，对手拳脚过来，我迎上去碰去截，碰到的时候化打几乎同时完成了。碰到的时候说完成了化和防，都会理解，说几乎同时完成了打和攻，有点不可思议。当具有零距离发力、粘衣发力、寸劲、挨何处何处发的能力时，就不会怀疑了。我们庞大的太极拳练习人群中，没有多少人在打散手，在与摔跤、与拳击对抗。没有过散手，没有过与拳击、摔跤者对抗的经历，就不会知道太极拳套路中的所谓招式不管用。太极拳套路里的所谓招式，主要是手的动作，腿的动作简单到不能再简单，即使有也远不及摔跤别、拐、挑、勾、插精妙、有难度、需要更高更强的身体素质，太极拳的招式与摔跤的招式没法比。拳击也主要是手的动作，但是它却只有直、勾、摆三拳，少而精，这可以集中精力精练。太极拳套路里的所谓招式至少有四五十个，这么多有什么用呀。期望招式产生作用，必须要经过发力锤炼，如果一直匀缓连绵的练习所谓的招式，没有用。有一种说法，吴式以柔化著称，其实不尽然。体重相差悬殊者推手，体重大者常不经意间会把对手弹出或者摔倒。这非招式所为，与是否练"以柔化著称"的吴式无关，体重力大的吴式太极拳者中，潇洒抛掷对手不乏其人。杨澄甫体重大，稳定力矩大，长劲拉放，腰腿部尤见功力。杨少侯个头没杨澄甫大，体重越小，移动穿插能力越强，步法快捷紧凑，手法轻灵奇巧。虽为兄弟，风格迥异，亦非招式之故。体重大"阵地战"占优，体重小穿插游走"游击战"应之。太极拳套路的练习，对技击的贡献主要是消除僵硬，全身协调、柔软、轻灵，不是它的所谓招式。

重视单操练习。发力，发脚，发拳，身体的主要几个部位在不同的方向都要会发力，能长距离发力，能短距离发力，能发出整劲，能发出飘劲。

重视配合性的推手练习。推手紧紧抓住不丢不顶粘连黏随这个核心内容，只要吃劲受劲，不要化劲，只要配合，不要对抗，只要无招无式，不要用招使着，多用腕部粘贴，少用前臂以上部位粘贴。通过这种严格意义上的不丢不顶粘连黏随独特的推手方法训练，把身手练得绵软连贯，把劲力练到前节，把手感练出来。

拳击、摔跤、散手、推手、太极拳套路一起练，不分先后，培养、保持斗志，把胆量练大。在技击要素胆、力、技巧中，胆排在首位，不经严酷的实战训练，没胆。一些练武的人打不过街头混混，原因之一就是没胆。拳击、摔跤要练要懂要会，但可以不精。虽然什么都一起上一起练，但是主次要分明，推手为"主食"，其他为"辅食"。这样的练习安排，不但很快就能上擂台，且打出的散手风格特异。如，推打结合；出拳不必"长途跋涉"定要拉开一个距离，15厘米左右的间距就可以完成击打；一击之后手不必收回，蛇行无定向，连续击打，挨何处何处发。散手结合上述这种独特的推手练习，搏击水平会有质的提升，摔跤、柔道等武术结合这种推手练习，也是潜力无限，对抗水平会有质的提升。对抗多了之后，每个人都会产生自己最拿手的打法，一人一法，如果要把这个打法称作招式，还马马虎虎说得过去。这样的招式没几个，就像郭云深"半步崩拳打天下"，屈指可数。

按上述程序、内容、方法练习太极拳术，如果时间允许，两年左右，可以出门。

跑步、跳高、跳远等体育运动，有巅峰，巅峰过后成绩下降。技击实搏能力也有巅峰，一定年龄后也会走下坡路，外家拳术大多如此。太极拳从技击实搏角度来说，也是如此。技击出众，世界第一，全国第一，人们尊敬你欣赏你给你掌声，都只是某一时间段的欣喜，受年龄、体力的制约，终有悄然远去之日，这之后的练习意义又何在呢？

抛开技击，单纯从太极拳套路练习及推手练劲来说，则是没有巅峰，永无止境。大多其他拳术容易达到预期，达到预期后难以再进步，太极拳却不是，永远在提高，要穷毕生精力去做。一门艺术，穷毕生精力去做，都有可能转入修身悟道之途。借太极拳修身悟道，是修身悟道者的一种选择。修身悟道的内容很多，如，遇恶不怕、遇善不欺便是其一。以此为例，看我们是如何借太极拳术来修身悟道的。要做到遇恶不怕、遇善不欺，仁为重要选项之一，"仁者无敌"，慈悲没有敌人。仁，就要包容。推手练习，弱不欺，强不怕，不求胜人，而人不能胜之。敞开胸怀，容纳对方，宰相肚里好撑船，要打不着，不要打不动。立足于双赢，处处时时照顾对方，对于对方的每一施力，给予出路，予以呵护、理顺，好似被某一温柔的富有弹性的媒介包裹，来去都有物可依不落空，又永远够不着不到头。在照顾对方的同时，自己更是练出了功夫，因为，对于对方的每一施力，给予出路，予以呵护、理顺，自己没有高质量的粘连黏随不丢不顶是办不到的，这反过来也会促使自己在粘连黏随不丢不顶上狠下工夫。具备掌握给予对方的每一施力以出路，予以呵护、理顺的能力后，如果不想给不给，就会是另外一个结果。似是无为，实则无不为。仁，就要柔、顺，不要僵、拙、硬。太极拳用意不用力，轻轻地缓缓地柔柔地，如抽丝，如行云流水，如百炼钢，如闲庭信步，向柔软乃至极柔软而去，极柔软然后极坚刚。仁，就要清静无为，一念不生全体现。借太极拳术修身悟道，枚不胜举。

至神明，推手走劲其乐融融，行拳走架身心愉悦。不需要观众不需要掌声不需要第一，只要只有陶醉，陶醉在自己的练习过程中，伴随终身，历久弥新。

"太极十年不出门"，从某个角度而言，何止十年，就是说"终身太极不出门"也不为过。

编辑征稿

当代社会，太极拳具有健身、养生、表演、修心、医疗、技击等多种价值。这些价值是随着社会的变迁而变化发展的。太极拳的技击价值在太极拳的当代多元价值中，已经成为一个较为专业的课题。我们无须指责大众群体以健身、养生为主要目的去习练太极拳，这是时代的选择，也是太极拳绵延发展、代代不息的群众基础。既然太极拳的技击价值是我们习练太极拳达到一定境界后的追求，那么我们就把它当作一个专业的课题进行专业的讨论，深奥的话题进行深奥的探究。"太极拳技击解密系列"目前所出的三本图书，是初步的探讨，是抛砖引玉，我们希望还有"之四""之五""之六"……越来越多的讨论加入进来。如果您有这方面的思考、体悟、探索、实践，并有较好的文字功底形诸于文字，欢迎投稿58519374@qq.com。

图书在版编目(CIP)数据

太极拳推手入门与提高 / 王荣泽著.
- 北京：人民体育出版社，2017
（太极拳技击解密系列：1）
ISBN 978-7-5009-5082-0

Ⅰ.①太…　Ⅱ.①王…　Ⅲ.①太极拳—研究
Ⅳ.①G852.11

中国版本图书馆 CIP 数据核字（2016）第 300506 号

*

人民体育出版社出版发行
三河兴达印务有限公司印刷
新 华 书 店 经 销

*

787×960　16 开本　8.25 印张　122 千字
2017 年 8 月第 1 版　2017 年 8 月第 1 次印刷
印数：1—5,000 册

*

ISBN 978-7-5009-5082-0
定价：26.00 元

社址：北京市东城区体育馆路 8 号（天坛公园东门）
电话：67151482（发行部）　　邮编：100061
传真：67151483　　　　　　　邮购：67118491
网址：www.sportspublish.com

（购买本社图书，如遇有缺损页可与邮购部联系）